A Small Place

카리브해의 어느 작은 섬

자메이카 킨케이드 지음 | 이성진 옮김

A Small Place

카리브해의 어느 작은 섬

전남대학교출판부

브라이언과 베로니카 드라이드에게,

내 동생 조셉, 달마 그리고 데번 드류에게

사랑의 마음을,

그리고 윌리엄 숀에게 (다시 한 번)

감사와 사랑의 마음을 드립니다.

A Small Place

카리브해의 어느 작은 섬

목차

A Small Place

01

만약 당신이 관광객이 되어 앤티가[1]에 간다면, 이런 것을 보게 될 것입니다. 비행기로 간다면, V. C. 버드 국제공항에 내리게 될 것입니다. 베르 콘월(V. C.) 버드는[2] 앤티가의 총

1) 정식 명칭은 앤티가 바부다(Antigua and Barbuda)이다. 카리브해의 소안틸레스 제도에 있는 작은 섬나라이다. 1493년 크리스토퍼 콜럼버스가 발견한 이후 1667년부터 영국의 식민 지배를 받다가 1967년 자치권을 획득했으며, 1981년 11월 1일 마침내 독립하였다.

2) Vere Cornwall Bird(1910. 12. 9. ~ 1999. 6. 28.)는 앤티가 바부다의 초대 총리였다. 젊은 시절 그는 지주들에게 부당한 대우를 받는 앤티가 흑인들의 삶을 보고 민족의 자유를 위해 싸웠다. 1943년 그는 앤티가 노동조합(Antigua Trades and Labour Union)의 위원장으로 추대되었으며, 이를 토대로 앤티가 노동당(Antigua Labour Party)을 창당하였다. 1980년 그는 총선에서 총리로 당선되었으며, 1981년 앤티가가 독립한 이후 1994년까지 유일무이한 총리로 재임하였다. 건강 악화와 국제적 압력으로 퇴임하였지만, 아들 레스터 브라이언트 버드(Lester Bryant Bird)가 뒤이어 통치하게 된다. 이 두 부자의 독재 정권은 아이티의 프랑수와 뒤발리에 독재 정권과 견주어진다.

리입니다. 어쩌면 당신은 총리가 자신의 이름을 학교나 병원 또는 어떤 큰 공공기념물에 붙이지 않고 공항에 붙이기를 원했는지 의아해 하는 관광객일 것입니다. 관광객인 당신은 아직 앤티가에 있는 학교를 보지 못했으며, 앤티가에 있는 병원을 보지 못했고, 앤티가에 있는 공공기념물을 보지 못했습니다. 비행기가 지상에 착륙한 후 당신은 앤티가가 정말로 아름다운 섬이라고 말 할 것입니다. 당신이 지금까지 본 그 어떤 섬보다 더 아름다우며, 각각의 섬들은[3] 나름대로 아름다운 특색을 지니고 있습니다. 하지만 섬들은 너무나 푸르고, 초목들로 너무나 울창합니다. 그리고 그것은 관광객인 당신에게 이곳이 상당히 많은 양의 비가 내리는 곳임을 암시해줍니다. 당신은 지금 당장은 비를 원하지 않을 것입니다. 왜냐하면 비는 태양이 늘 빛나고 날씨는 기분 좋을 만큼 따갑고 건조한 이곳(앤티가)에서 4일에서 10일 동안 머물기 위해, 적은 보수를 받으면서 북아메리카(또는 더 나쁘게 유럽)에서 일하며 보냈던 힘들고 춥고 음울했던 긴 나날들을 생각나게 하기 때문입니다. 당신은 휴가 중이며, 관광객이기 때문에 (한쪽으로 카리브해 또 한쪽으로 대서양이라는, 바다와 대양으로 동시에 에워싸여 있음에도) 가뭄으로 늘 고통스러워하며 하루하루 살아가야만 하

3) 앤티가 바부다는 앤티가와 바부다 그리고 레돈다라는 세 섬으로 이루어져 있다. 이 글에서 '이 섬들'은 바로 이 세 섬을 의미한다.

는, 그래서 이미 사용한 물 한 방울까지도 깨끗한 물이 없는지 주의 깊게 살펴보아야만 하는 이곳 사람들에게, 날씨가 어떠해야 하는지 결코 생각하지 않을 것입니다.

당신은 비행기에서 내려 세관을 통과해 나갑니다. 당신은 친척들에게 필요한 싸구려 옷가지들과 음식물을 골판지 상자에 가득 넣어가지고 유럽이나 북아메리카로부터 되돌아오는 앤티가 출신의 흑인이 아닌 관광객이기 때문에, 북아메리카 또는 유럽사람－솔직히 말해서 백인－이기 때문에, 세관을 신속히 빠져나갑니다. 당신은 세관을 쉽게 통과해 나갑니다. 당신의 수화물들은 검색 받지 않습니다. 세관 검색대로부터 따갑고 화창한 대기 속으로 들어서자마자, 당신은 바로 정화된 듯한 느낌 그리고 축복받은 느낌을 받습니다(그것은 [당신이] 특별하다는 것을 의미합니다). 당신은 자유를 느낍니다. 당신은 한 남자 택시 운전수를 만납니다. 목적지를 말하자, 그는 요금을 어림잡아 말합니다. 당신은 관광객이기 때문에 이런 것들(환율)에 익숙해져 있고, 물가가 너무 싸서 심지어 공짜처럼 느껴지기 때문에, 이 요금을 듣고 금방 지역 화폐로 부른 것이라고 생각합니다. 하지만 그 운전수는 "미국 달러로요"라는 말로 끝을 맺습니다. "혹시, 목적지와 가격을 표시한 공정요금표를 볼 수 있을까요?"라고 당신은 묻습니다. 택시 운전수는 법을 준수하여 당신에게 요금표를 보여줍니다. 그리고 그는 잘 생각하지 않고 요금표와 너무나 큰 차이가 나게 요금을 청구한 자신의 믿을 수 없는 실수에 대해 사과합니다(그에게 호의를 베풉니다).[4] 당신은 이 택시 운전수가 운전하는 신형 일본산 자동차를 타고 머물게 될 호텔로 향합니다. 당신이 여행하고 있는 길은 매우 좋지 않은, 보수할 곳이 많은 길입니다. 당신은 믿을 수 없다는 듯, "아, 북아메리카(또는 더 나쁘게 유럽)에서 내가 이용하던 훌륭한 고속도로와 이 형편없는 도로는 얼마나 다른가."라고 말할 것입니다. 당신이 탄 택시 운전수는 무모합니다. 반대편에서 다른 차가 오지 않는다고 생각 들면, 그는 중앙선을 넘어 운전하고, 앞을 볼 수 없는 급커브의 오르막길에서 다른 차를 추월하며, 식민지 시대부터 남겨져 오래되어 낡고 녹슨 도로표지판에 시속 40마일이라 쓰여 있는 좁은 커브 길에서 시속 60마일로 운전합니다. 이것은 당신을 놀라게 할 것입니다(당신은 휴가 중인 관광객입니다). 비록 당신이 뉴욕 출신이고, 이런 식의 택시 운전에 익숙해져 있다할지라도 이것은 당신을 놀라게 할 것입니다(당신은 휴가 중인 관광객입니다). 뉴욕의 택시 운전수들 중 대부분은 이곳과

4) 킨케이드의 대부분 글은 자전적 경험을 바탕으로 하고 있다. 이 글에서 택시 운전수가 부정적인 이미지로 등장하는데, 그녀 생부의 직업 역시 택시 운전수였다. 그녀의 생부는 그녀가 태어나자 아내와 딸을 버리고 다른 여자에게 가버렸다. 그녀는 생부의 얼굴도 기억하지 못할 뿐만 아니라 아버지와 남편으로서 역할을 다하지 못한 그에게 분노를 느꼈다. 그녀의 이런 가정사로 볼 때, 이 글에서 택시 운전수가 부정적으로 묘사되는 이유를 짐작할 수 있다.

비슷한 지역 출신입니다. 당신은 차창 밖을 바라볼 것입니다(왜냐하면 당신은 본전을 뽑고 싶은 생각이 들기 때문입니다). 보이는 모든 자동차가 신형, 적어도 대부분이 신제품이며 모두 일본산이라는 것을 알아차립니다. 앤티가에는 미국산 자동차가 없습니다. 적어도 새로운 제품, 지난 10년 이내에 생산된 것은 한 대도 없습니다. 당신은 계속해서 자동차를 지켜보다 그것들이 신제품처럼 보이지만 오래된 자동차－너무나 오래되고 낡은 자동차－처럼 끔직한 소리가 나는 이유를 스스로에게 묻습니다. 이것을 어떻게 설명할 수 있을까요? 글쎄요, 그것은 어쩌면 그들이 무연 휘발유를 사용해야 하는 신형 자동차에 유연 휘발유를 사용하기 때문입니다. 하지만 당신은 이것이 사실인지 운전수에게 묻지 말아야 합니다. 왜냐하면 그들은 무연 휘발유에 대해 들어본 적이 없기 때문입니다. 자동차를 자세히 살펴본 당신은 그것이 매우 값비싼, 당신이 구입하기 망설였던 일본산 자동차 모델임을 확인합니다. 당신처럼 힘든 일을 해야만 하는, 그리고 지금 이 휴가를 위해 월급의 잔돈까지 꼼꼼히 챙겨야하는 사람에게는 실현 가능성이 없는 모델입니다. 그들은 어떻게 이런 자동차를 구입했을까요? 그리고 이런 자동차와 어울리는 고급스런 주택에서 살고 있을까요? 글쎄요, 아닐 것입니다. 이 신형 자동차에 적합하지 않은 기름을 넣고 운행하는 거의 모든 운전자들이 자동차와는 상대적으로 훨씬 수

준 낮은 집에서 산다는 것을 알면 당신은 놀랄 것 입니다. 당신이 그 이유를 물으면 정부가 은행들로 하여금 자동차 구입을 위한 대출은 장려하지만, 주택 구입을 위한 대출은 쉽지 않게 한다는 말을 듣게 될 것입니다. 그 이유를 또 물으면 앤티가의 가장 큰 자동차 판매 대리점 두 곳의 일부 또는 전부를 정부의 장관들이 소유하고 있다는 말을 듣게 될 것입니다. 아, 그러나 당신은 휴가 중이기 때문에 자동차 면허시험에 실제로 통과했을 수도 그러지 못 했을 수도 있는 사람들이 운전하는 (한때 운전면허를 매매하는 사건이 있었습니다) 이 신형 자동차에 대한 짧은 관찰만으로 마음속에 이런 생각을 하지는 않을 것입니다. 당신은 먼지를 듬뿍 뒤집어 쓴 한 건물을 지나면서, 행인들을 위해 땅을 파서 만든 화장실일 거라고 생각합니다. 그러나 다시 살펴보았을 때, 그 곳에 파이곳 학교라고 쓰여 있는 것을 보게 됩니다. 당신은 병원, 홀버튼 병원을 지나칩니다. 당신은 휴가 중인 관광객이기 때문에, 만약 당신의 심장이 잠시 동안 박동을 멈춘다면 어떤 일이 일어날까? 생각해 보지 않은 것은 큰 잘못입니다. 목에 있는 혈관이 파열되면 어떻게 될까요? 만약 당신이 반대편 차선의 자동차에 타고 있을 때, 신형 자동차에 적합하지 않은 기름을 넣은 운전자 중 한 사람이 커브진 오르막길에서 [앞 차를] 안전하게 추월하지 못한다면 어떻게 될까요? 앤티가 사람들 중 어느 누구도 신뢰하지 않는 의사들이 그 병원에 근무하고 있다는 사실을 알게 되었을 때, 즉 앤티가 사람들이 늘 그 의사들에 대해 "나는 그들이 가까이 오는 것을 원치 않아요"라고 말하는 것을 알게 되었을 때, 앤티가 사람들이 그들을 의사가 아닌 "그 세 남자"라고 일컫는 것을 알게 되었을 때(그런 의사는 세 명 있습니다), 보건부 장관이 몸이 좋지 않으면 진짜 의사에게 진료 받기 위해 뉴욕행 첫 비행기를 탄다는 사실을 알게 되었을 때, 그리고 치료가 필요한 정부의 모든 장관들이 치료를 위해 뉴욕행 비행기를 탄다는 사실을 알게 되었을 때 당신은 마음 편하겠습니까?

그곳 도서관에서 책을 빌릴 수 없기 때문에 당신이 책을 가져가는 것은 잘 한 일입니다. 한 때 앤티가에는 훌륭한 도서관이 있었습니다. 그러나 대지진으로 그 도서관이 손상되었습니다(모두들 그런 식으로 그것-대지진-을 이야기합니다. 나도 그 중 한 사람이지만 우리 앤티가 사람들은 매사에 아주 예민한 판단력을 가졌습니다. 그러나 사건이 더 큰 의미를 가질수록 우리가 해야 하는 것은 더 적게 됩니다[5]). 이 사건은 1974년에 있었으며, 얼마 지나지 않아 건물 앞에 **이 건물은 1974년 대지진으로 손상되었음.**

5) 앤티가인들은 과거 노예 생활 등으로 인해 생존을 위해서 작은 사건에도 예민하게 반응할 필요가 있었다. 하지만 의미가 분명한 사건일 경우 굳이 의미 파악을 위해 예민하게 반응할 필요가 없다는 의미이다.

보수 미정이라고 적힌 푯말이 내걸렸습니다. 이 푯말은 10년이 훨씬 지난 지금까지 보수에 대한 지켜지지 않은 약속을 지닌 채 거기에 걸려 있습니다. 당신은 이런 상황을 이 섬사람들이 지닌 이상한 특성으로 여길 것입니다. 이 사람들은 노예의 후손들입니다. 이들이 갖고 있는 시간 개념은 너무나 낯설고 이상합니다. **보수 미정**이라는 푯말은 수년이 지난 후에도 여기에 있었습니다. 그러나 길이 12마일 그리고 너비 9마일(앤티가의 실제 크기)이 전부인 곳에서는 12년과 12분 그리고 12일은 어쩌면 모두 같은지 모릅니다. 도서관은 식민지 시대부터 내려오는 오래되고 근사한 건물들 중 하나이며, 수리를 알리는 푯말도 식민지 시대부터 내려오는 오래되고 근사한 표시입니다. 대지진이 있은 후 얼마 지나지 않아 앤티가는 대영제국으로부터 독립하여 자주권을 가진 앤티가라는 독립국가가 되었습니다. 그 결과 앤티가 사람들은 이런 사실이 너무 자랑스러워 그 날을 기리기 위해 매년 교회에 가서 신, 영국의 신에게 이를 감사드립니다. 그러나 당신은 이 모든 정황에 당황해 할 필요는 없으며, 부서진 도서관에 대해 생각할 필요도 없습니다. 당신은 책을 가지고 왔습니다. 그리고 그 중에는 경제사에 관한 새로운 책도 한 권 있습니다. (유럽인들이 정복하고 정착한 이후의 유럽과 북아메리카를 의미하는)서양이 부를 어떻게 획득했는지 설명하는 책들 중 하나입니다. 서양은 공짜로(이 경우

거저 얻는다는 의미의 공짜) 그리고 당신이 앤티가에서 걷고 있는 동안 주위에서 볼 수 있는 나와 같은 사람들의 여러 세대 동안 과소평가된 노동력으로부터 부를 얻은 것이 아니라, 세필드나 요크셔, 랭커셔나 또 다른 어떤 곳의 소상인들이 발명의 재주를 부려 부를 획득했습니다. 따라서 손목시계의 발명은 부를 획득하는 데 매우 큰 역할을 하였습니다. 왜냐하면 숭고한 마음을 가진 사람들이[6] 자신의 손목 위에 시간을 턱하니 내려놓을 수 있다는 것을 발견했을 때, 마치 손목시계처럼 그들이 할 수 없는 일은 아무것도 없었기 때문입니다(손목시계는 하찮은 물건이 아닙니다. 왜냐하면 우리는 말로 다 할 수 없는 노예생활을 경험해야 했을 뿐만 아니라, "우리가 너희 잡종들을 부유하게 만들어주었다"는 말에서 얻을 수 있는 만족감마저 사라져 버리는 경험을 했습니다).[7]

---

6) 유럽 식민주의자들 특히 영국 식민주의자들을 가리키는 반어적 표현이다. 문명인이라는 '숭고'하고 '우월'한 마음을 가진 식민주의자들은 '미개'하고 '야만'적인 식민지인들을 계몽시키겠다고 합리화 하였지만 실재로는 가장 비인간적인 방법으로 그들을 지배했다.

7) 식민주의자들의 입장에서 보면 하루를 24시간으로 개량함으로써 과학적인 시간 개념을 가질 수 있었을지 모르지만, 식민지인의 입장에서 보면 정해진 노동 시간만큼 더 많은 노동에 시달려야 했다. 사탕수수 농장(sugar plantation)에서 한 사람의 건장한 노예가 밭을 일구고, 사탕수수의 모종을 심고, 수확하는 농장의 넓이는 5에이커였다. 1에이커에 대게 5,000~8,000개의 사탕수수 모종 줄기를 심었다. 노동시간은 대게 아침 6시에서 저녁 6시까지 2시간 정도의 점심시간을 제외하고 휴식 없이 이루어졌다. 수확기에는 이 보다 더 오랜 시간 노동해야 했으며, 하루 18시간까지 노동한 것으로 알려져 있다.

따라서 착취나 억압 그리고 지배에 관해 당신이 가끔씩 갖는 우스운 감정이 걱정 또는 불편함으로 발전하도록 내버려 둘 필요는 없습니다. 당신은 휴가를 망쳐버릴 수 있습니다. 그들은 당신이 가진 것에 대해 대가를 요구할 수 없습니다. 그리고 당신은 그들에게 아무것도 빚진 게 없습니다. 사실 당신은 이들에게 큰 호의를 베풀었으며, 그것을 증명할 만한 백 가지 예를 제시할 수 있습니다. 당신은 지금 총독관저를 지나고 있습니다. 당신은 총리집무실과 의사당 건물을 지나가고 있으며, 세인트존스 하버의 멋진 풍경 속에서 이 건물들을 내려다보며 서 있는 미국 대사관을 지나고 있기 때문입니다. 만약 당신이 아니었다면 이들은 총독관저와 총리집무실 그리고 의사당 건물과 강대국의 대사관을 갖지 못했을 것입니다. 당신은 지금 한 저택, 당신이 미 대사관에서 보게 될 것보다 더 많은 에어리얼 안테나가 있는, 늙은 황소의 똥 색깔 같은 페인트로 칠해진 특별한 집을 지나고 있습니다. 이 집에 살고 있는 사람들은 중동에서 앤티가로 온지 채 20년도 되지 않은 상인 가족입니다. 처음 앤티가에 왔을 때 이 가족은 등에 가방을 지고 한 집 한 집 찾아다니며 직물을 팔았습니다. 그들은 지금 앤티가의 많은 것을 소유하고 있습니다. 그들은 정기적으로 앤티가 정부에 돈을 빌려주고, 수도 세인트존스에 (앤티가에는 너무) 크고 (앤티가에는 너무) 보기 흉한 콘크리트 건물들을 짓습니다. 그러면 정부는 많은 돈을 주고 [그 건물들을] 임대합니다. 이 집 사람 중 한 사람이 시리아 주재 앤티가 대사입니다. 앤티가 사람들은 그들을 싫어합니다. 이 저택으로부터 멀지 않은 곳에 또 다른 저택, 마약 밀매상의 집이 있습니다. 그가 마약 밀매업자라는 것은 누구나 알고 있습니다. 그래서 만약 당신이 차를 타고 가고 있을 때 그가 문 밖으로 걸어 나오면, 운전수는 당신에게 그가 악명 높은 사람임을 환기시킬 것입니다. 사람들은 이 마약 밀매업자가 자동차를 열 대씩 - 이런 것 열 대, 저런 것 열 대씩 - 구입할 정도로 큰 부자라고 말합니다. 그리고 그는 파이브 아일랜즈[8] 근처에 있는 세간이 구비된 (또 다른 저택) 한 채를 가방에 있는 현금으로 구입했습니다. 집값은 미화 35만 달러였으며, 집을 판 사람을 놀라게 한 것은 값을 치르고도 많은 미화가 더 남아 있었다는 것입니다. 마약 밀매업자의 저택이 내려다보이는 곳에 또 다른 저택이 있으며, 그곳까지 이어지는 길은 앤티가에서 최고로 좋은 포장도로입니다 - 심지어 1985년 여왕이[9] 방문했을 때 포장된 길보다 더 훌륭합니다(여왕이 방문했을 때 여왕이 지나게 될 모든 길은 새롭게 포장되었습니다. 따라서 여왕은 앤티가에서 자동차를 탄

8) Five Islands. 앤티가 서쪽 해안에 자리한 항구로, 수도 세인트존스에서 남서쪽으로 약 5킬로미터 떨어진 곳에 위치하고 있다.

9) 영국의 에리자베스 2세 여왕.

다는 것은 유쾌한 일이다는 인상을 가지고 떠났을 것입니다). 이 저택에는 앤티가 사람들이 에비타라 부르는 순진하지 않은 한 여인이 살고 있습니다. 그녀는 소문이 좋지 않은 여인입니다. 그녀는 젊고 아름다우며 정부 최고위직 인사의 애인입니다. 에비타는 악명 높습니다. 왜냐하면 정부 고위 관료와의 관계로 고급 여성복 매장과 재산을 얻었으며, 내각 회의에서 발언권을 갖게 되었고, 그런 부적절한 관계가 아름답고 젊은 여인에게 줄 수 있는 온갖 종류의 특혜를 얻었기 때문입니다.

오, 그러나 당신은 지금쯤 이런 모든 볼거리에 벌써 지쳐 당신의 목적지－당신이 머물 호텔, 당신이 머물게 될 객실－에 당도하기를 원합니다. 당신은 기운을 되찾기 원합니다. 그래서 약간의 훌륭한 랍스터 요리와 얼마간의 훌륭한 토속음식을 맛볼 수 있기를 기대합니다. 당신은 목욕을 하고 이를 닦습니다. 당신은 옷을 갈아입습니다. 옷을 입은 후 당신은 창밖을 봅니다. 저 바다－저런 바다를 본 적이 있나요? 멀리 수평선에 이르는 바닷물은 짙은 남색입니다. 가까운 바닷물은 북아메리카의 하늘색입니다. 저 먼 곳에서 해안에 이르는 바닷물은 창백한 은빛으로 투명합니다. 너무나 투명해 핑크빛이 감도는 하얀 모래 바닥을 볼 수 있습니다. 오, 얼마나 아름다운가요! 오, 얼마나 아름다운가요! 당신은 결코 이런 바다를 본 적이 없을 것입니다. 당신은 너무나 흥분됩니다.

얕게 숨을 쉬어봅니다. 깊게 숨을 쉬어봅니다. 당신은 윈드서핑보드를 타고 신기에 가깝게 파도를 스쳐지나가는 멋진 소년을 봅니다. 당신은 믿을 수 없을 정도로 매력 없고 뚱뚱하고 밀가루 반죽처럼 살찐 남성과, 믿을 수 없게 매력 없고 뚱뚱하고 밀가루 반죽처럼 살찐 여성이 아름다운 백사장 위를 함께 거닐며 즐거워하는 모습을 봅니다. 그들이 주변을 거닐며 누리는 기쁨을 봅니다. 당신은 지금까지 창밖을 살펴보다 해변에 누워 황홀한 태양을 즐기고 있는 당신의 모습을 봅니다(태양은 매우 강렬하지만 아름다우며, 감히 먹구름으로 변하여 당신의 머리 위에 비를 쏟아냄으로써 휴가를 망쳐버릴 수 있는, 그 어떤 구름도 뭉개버릴 준비를 하고 있는 충성스런 근위병 같습니다. 태양은 특별히 당신만을 위한 친구입니다). 당신은 해변을 산책하는 자신의 모습을 봅니다. 새로운 사람들을 만나는 자신의 모습을 봅니다(그들은 당신과 같은 부류이기 때문에 매우 제한된 부분에 있어서만 새롭습니다). 이 지역에서 재배된 맛있는 음식을 먹고 있는 자신의 모습을 봅니다. 당신은 자신의 모습을 봅니다. 당신은 자신의 모습을 봅니다. … 당신이 화장실 물을 내렸을 때 변기의 내용물에 정확히 어떤 일이 생기는지 궁금해 할 필요는 없습니다. 욕조의 마개를 뽑았을 때 목욕물이 어디로 흘러가는지 궁금해 할 필요는 없습니다. 이를 닦은 후 [그 물에] 어떤 일이 일어나는지 궁금해 할 필요는 없습니다. 아, 그것은 결국 물, 당신이 수영을 하려고 생각 중인 그 물로 흘러갑니다. 어쩌면 화장실의 내용물들은 당신이 바닷물을 여유롭게 거닐 때 발목에 부드럽게 스쳐갈 것입니다. 앤티가에 적절한 하수처리 시설이 갖춰져 있지 않다는 사실을 당신이 목격하고 있기 때문입니다. 하지만 카리브해는 아주 넓고 대서양은 더 넓습니다. 이 바다가 집어삼킨 흑인 노예들의 수를 알게 되면 당신은 훨씬 더 놀랄 것입니다.[10] 맛있는 식사를 하기 위해 자리에 앉았을 때, 당신이 먹게 될 대부분의 것들이 마이애미 발 비행기에서 내려졌다는 사실을 모르는 것이 더 나을 것입니다. 그리고 마이애미에서 비행기에 실려지기 전에 그것들이 어디에서 왔는지 누가 알겠습니까? 한 가지 가능한 추측은 그것들이 처음에 앤티가 같은 곳에서 턱없이 싼 가격으로 재배된 후, 마이애미로 보내졌다 다시 되돌아온다는 것입니다. 여기에는 또 다른 무언가가 있지만, 지금 당장 파헤칠 수는 없습니다.[11]

---

10) 오늘날 역사학자들에 따르면 16세기~19세기 동안 아프리카에서 아메리카로 노예로 팔려온 사람은 940만 명~1,530만 명에 이르는 것으로 추정한다. 하지만 '중간항로'(middle passage)로 알려진 악명 높은 항해 도중 6명 중 1명꼴로 사망하였기 때문에 더 많은 수의 노예가 잡혀왔을 것으로 짐작된다. '중간항로' 기간 중 대서양에서 숨진 노예 수는 대략 220만 명에 이르며, 사망원인은 질병이나 부실한 음식 그리고 자살 등이었다.

11) 원산지 앤티가에서 생산된 농산물은 미국으로 건너가 가공을 거친 후 앤티가로 역수입된다. 이 과정에서 값이 큰 폭으로 상승하기 때문에 가난한 앤티가 사람들은 이런 식료품을 사먹지 못 하는 불합리한 상황에 이르게 됨을 지적

자신에 대해 늘 의심했던 것은 관광객이 되는 순간 진실이 됩니다. 즉 관광객은 추한 존재입니다. 당신은 항상 추한 사람은 아니었습니다. 평소에 당신은 추한 사람이 아니었습니다. 일반적으로 당신은 추한 사람이 아니었습니다. 매일같이 당신은 훌륭한 사람입니다. 매일같이 당신을 사랑한다고 여겨졌던 사람들은 정말로 당신을 사랑합니다. 당신이 하루하루 일하며 살고 있는 크고 현대적이며 번창한 도시의 분주한 거리를 걸어 갈 때, 어쩌면 천년의 생애 동안 당신이 만나게 될 사람들보다 더 많은 사람들에 에워싸여 있을 때조차, 당신은 사랑받지 못한 채 걸어가는 끔찍함, 관심을 끌지 못하는 끔찍함, 그리고 군중 속의 고독(상투적 표현이지만 상투적 표현만이 당신을 설명할 수 있습니다)을 느끼는 끔찍함에 낙담하고 당황스러워 합니다. 바로 그때 시야의 외진 곳에서 당신을 보고 있는 누군가와 그 얼굴 전체에 쓰여 있는 의심의 여지없는 기쁨을 발견하고서, 당신은 생각했던 것만큼 자신이 혐오스런 존재가 아니었음을 깨닫습니다(왜냐하면 그 표정이 당신에게 그렇게 말해주고 있기 때문입니다). 따라서 당신은 전반적으로 괜찮은 사람이며 매력적인 사람입니다. 당신은 다른 사람들(당신과 같을 뿐인 사람들)의 애정을 끌 수 있는 사람이며, 자신의 피부색깔 속에서만 편안해 하는 사람입니다(다시 말해, 내

하고 있다.

말은 어느 면에서 당신의 낙담과 당혹감은 당신에게 자연스럽다는 것입니다. 왜냐하면 당신 같은 사람들은 그런 존재처럼 보이기 때문이며, 당신 같은 사람들이 스스로에 대해 감탄할만한 많은 일들 – 당신이 생각하는 일들, 정말로 당신이 생각하는 일이 당신을 규정합니다[12] – 이 이런 감정[백인 중심의 폐쇄적인 감정]에서 기원하기 때문입니다). 당신은 자신의 훌륭한 집(그리고 훌륭한 집과 같은 모든 것)과 뒤뜰(그리고 훌륭한 뒤뜰 같은 것)에서 편안함을 느끼며, 거리와 교회, 공동체 생활과 직장에서, 가족과 친척 그리고 친구와 함께 있는 것에서 편안함을 느끼는 사람입니다. [이런 환경에서만] 당신은 온전한 사람입니다. 하지만 어느 날 당신이 어딘가 군중 속에 혼자 남겨져 추방되었다는 끔직한 생각이 엄습할 때, 정말 평범한 사람으로서, 당신은 내면 깊은 곳을 성찰하고 스스로를 바르게 정립할 준비를 하지 못합니다. 왜냐하면 평범한 존재는 이미 충분한 수고를 분담하고 있으며, 사람들이 갖고 있는 모든 것을 소유하고 있기 때문입니다. 비록 "나는 떠나야만 해"라는 말이 실제로 당신의 두 입술에서 새어나오지 않았더라도, 당신은 근대화의 경험이라는 태반 속에 얼간이처럼 쭈그리고 있

---

12) 실제로 영국인을 비롯한 식민주의자들은 열등한 이교도들 또는 비문명인들을 계몽시키고 문명화시키겠다는 계몽주의 이념을 통해 식민통치를 합리화시켰다. 또한 문명인인 백인들만이 열등한 유색인종들을 계몽시킬 수 있다는 믿음 때문에 인종주의 이념과 인종 간의 갈등이 생겨났다.

는 보잘 것 없는 존재에서 많은 죽음과 몰락을 경험하고서 살아 있음을 느끼고 그 광경에 고무되는 존재로 급변합니다. 당신은 아주 먼 해변에 누워 있는 존재, 당신의 움직이지 않는 육체는 모래 속에 반짝이면서 역겨운, 처음에는 잊혀진 것처럼 보였던 것이 나중에 기억났지만 되돌려 놓을 만큼 충분히 중요하지 않은 어떤 존재로 바뀝니다. 당신은 갑자기 이런 타자들(그들은 타자들 입니다)이 자연과 이루는 화합이나 조화(일반적으로 당신은 퇴보라고 말합니다)에 경이로워 하는 사람으로 바뀝니다. 그리고 당신은 한 조각의 평범한 천을 가지고 그들이 할 수 있는 것, (당신에겐) 값싸고 평범한 색실을 가지고 그들이 만들어 내는 것을 봅니다. 그리고 땅에 판 구덩이 위에 그들이 쭈그리고 앉아 있는 것을 봅니다. 이 구덩이는 그 자체로 놀랄만한 것입니다. 당신은 추한 존재이기 때문에, 이 추하지만 즐거운 생각이 당신의 마음속에서 솟아오를 것입니다. 당신의 조상들이 살았던 방식에서 볼 때 그들 조상은 현명하지 못했으며 무자비하지도 않았습니다. 왜냐하면 당시 자연과 조화를 이루며 낯선 방식으로 퇴보했던 존재는 당신들이 아니었기 때문입니다. 당신이 관광객이 될 때 당신은 추하고 공허한 존재, 어리석은 존재, 그리고 이것을 보고 놀라고 저것을 경험하기 위해 여기 저기 머뭇거리는 쓰레기 같은 존재가 됩니다. 하지만 당신은 이곳, 당신이 잠시 휴식을 취하고 있는 이곳에 살고 있는 사람들이 당신을 참을 수 없어하거나, 닫힌 문 뒤에서 당신의 낯설음을 비웃을 거라는 생각은 결코 하지 않을 것입니다(당신은 그들처럼 보이지 않습니다). 당신의 신체적 생김새는 그들에게 호감을 주지 않습니다. 당신은 서투른 행동을 보입니다(그들이 손으로 음식을 먹는 것은 그들의 관습입니다. 당신이 그들 방식으로 먹으려 시도해 보지만 당신은 우습게 보이며, 늘 먹던 방식으로 먹으려 하지만 역시 우습게 보입니다). 그들은 당신이 말하는 방식을 좋아하지 않습니다(당신에겐 독특한 억양이 있습니다). 그들은 당신이 일상적인 활동을 행할 때의 모습을 상상하고 흉내 내다 포복절도 할 것입니다. 그들은 당신을 좋아하지 않습니다. **그들은 나를 싫어해!** 당신에게 결코 이런 생각은 들지 않습니다. 당신은 아직도 약간 불편함을 느낍니다. 당신은 아직도 약간 바보 같음을 느낍니다. 당신은 아직도 약간 제자리를 떠나온 듯한 느낌입니다. 하지만 당신의 삶이 지루하다는 것은 사실입니다. 이 지루함은 당신으로 하여금 당신을 경멸하는 사람들, 당신이 정말 좋아하지 않는 사람들, 당신이 진정한 이웃으로 삼고 싶지 않을 사람들의 무리 속에서 며칠 밤과 낮을 보내야 하는 극단적인 일을 행하도록 합니다. 그리고 당신이 들은 것들 중 얼마나 많은 것이 사실인지 직접 알아내게 될 것입니다(땅콩 소스 속에서 솟아난 병유리는 이곳에선 정말 별미일까? 아니면 당신이 생각하는 것처럼 솟아 오른 병유리가 하게 될 일을 할 뿐일까? 이 희귀하고 다양한 색상의 입이 툭 튀어나온 물고기는 정말 최음제일까? 아니면 당신을 영원히 잠에 빠지게 하는 것일까?). 아, 이런 여행은 모두 힘든 일입니다. 따라서 당신이 집에 돌아왔을 때, 관광객으로서의 생활에서 벗어나 기운을 회복하기 위해 긴 휴식이 필요하다고 생각하는 것은 이상한 일일까요?

토착민들이 관광객을 좋아하지 않는 이유를 설명하기란 어렵지 않습니다. 모든 지역의 모든 토착민은 잠재적 관광객이며, 모든 관광객은 어딘가의 토착민이기 때문입니다. 세상 어디에서나 토착민은 모두 저항할 수 없고 압도적인 평범함과 지루함 그리고 절망과 의기소침한 삶을 살아가고 있으며, 좋거나 나쁜 행동들은 모두 이런 삶을 잊기 위한 시도입니다. 모든 토착민은 탈출구를 찾고자 하고, 모든 토착민은 휴식을 얻고자 하며, 그래서 모든 토착민은 여행을 하고자 합니다. 하지만 어떤 토착민들 – 이 세상 대부분의 토착민들 – 은 어디도 갈 수 없습니다. 그들은 너무 가난합니다. 그들은 너무 가난해 어디도 갈 수 없습니다. 그들은 자신들이 살아가고 있는 현실에서 탈출하기에는 너무나 가난하며, 살고 있는 곳에서조차 넉넉하게 살 수 없을 정도로 가난합니다. 그리고 그들이 사는 곳은 관광객인 당신이 그토록 가보고 싶어 하는 바로 그곳입니다. 따라서 토착민들이 당신을 만났을 때 그들은 당신을 부러워합니다. 그들은 평범함과 지루함으로부터 떠날 수 있는 당신의 능력을 부러워합니다. 그들의 평범함과 지루함을 자신을 위한 즐거움의 원천으로 바꿀 수 있는 당신의 능력을 부러워합니다.

A Small Place

02

지금부터 관광객인 당신이 보게 될 앤티가는 내가 알고 있는 앤티가, 내가 자랐던 앤티가가 아닙니다. 그런 앤티가는 더 이상 존재하지 않습니다. 세월은 흘러간다는 일반적인 이유 때문에도 그런 앤티가는 더 이상 존재하지 않으며, 또 어떤 면에서 한때 그곳을 지배했던 마음씨 나쁜 사람들, 영국인들이 더 이상 지배할 수 없기 때문에도 더 이상 존재하지 않습니다. (하지만 요즘 영국인들은 매우 가련한 존재가 되었습니다. 이젠 그들 스스로 무엇을 할 수 있다는 것은 생각할 수도 없습니다. 그들 앞에서 발을 빼고 인사하는 사람들은 지구 전체 인구의 사분의 일도 남아 있지 않습니다. 그들은 제국주의 사업이 완전히 잘못되었으며, 따라서 자신이 저지른 잘못된 행동, 되돌릴 수 없는 자신의 나쁜 행동들에 대해 최소한 속죄의 의미로 참회복을 입고 슬퍼해야 한다는 것도 모르는 것 같습니다. 왜냐하면 상상할 수 있는 그 어떤 자연 재앙도 그들이 저지른 해악과 같을 수 없기 때문입니다. 사실 죽는 것이 더 나았을 것입니다. 그리고 제국주의에 대한 이런 모든 언쟁들-여기서 잘못된 점은 무엇인가, 저기서 잘못된 점은 무엇인가-은 늘 나를 미치게 만듭니다. 왜냐하면 나는 무엇이 잘못 되었는지 그들에게 말할 수 있기 때문입니다. 그들은 자신들의 고향, 그들이 그토록 사랑했던 곳, 떠나야 하지만 결코 잊을 수 없었던 곳인, 그들의 소중한 영국을 떠나지 말았어야 했습니다. 그 때문에 그들은 어디를 가든 그곳을 영국으로 바꿔버렸습니다. 그리고 그들이 만난 모든 사람들을 영국인으로 바꿔버렸습니다. 그러나 지금까지 그 어떤 곳도 진정한 영국이 될 수 없었으며, 지금까지 자신들처럼 생기지 않은 그 어떤 사람도 진짜 영국인이 되지 못했습니다. 그러니 그 때문에 그곳 사람들과 영토에 대한 파괴가 어떠했으리라는 것을 당신은 짐작할 수 있을 것입니다. 영국인들은 서로를 미워하고 영국을 미워합니다. 따라서 그들이 지금 그토록 가련한 이유는 그들에겐 더 이상 갈 곳이 없으며, 그들에게 호감을 갖는 그 어떤 사람도 없기 때문입니다.) 하지만 나는 내가 알고 있는 앤티가를 당신에게 소개하겠습니다.

내가 알고 있는 앤티가에서, 우리는 호레시오 넬슨이라는 영국

해양 범죄자의 이름을 딴 거리에서 살았으며, 주변의 다른 모든 거리들도 다른 영국 해양 범죄자들의 이름에서 따왔습니다. 로드니 거리가 있었으며 후드 거리가 있었고, 호킨스 거리가 있었으며 드레이크 거리가 있었습니다.[13] 이스트 거리를 따라서 플램보이언트 나무와 마호가니 나무가 있었습니다. 영국 여왕의 대리인인 총독이 살고 있는 총독 관저는 이스트 거리에 있었습니다. 총독 관저는 높은 하얀색 벽으로 둘러싸여 있었습니다 – 그리고 그것은 우리가 얼마나 겁에 질려 있었는지를 보여주었습니다. 지금까지

---

13) 호레시오 넬슨(Horatio Nelson, 1718～1805)은 영국 해군 중장으로서 나폴레옹 전쟁(Napoleonic Wars)과 트라팔가 전투(Battle of Trafalgar)에 참전하였다. 로드니(George Brydges Rodney, 1718～1792)는 영국 해군의 제독으로서 미국 독립 전쟁(American War of Independence)과 생트 전투(Battle of the Saintes)에 참전하였다. 생트 전투는 프랑스 군이 스페인 군의 도움을 받아 자메이카를 침공할 계획이었는데 로드니 제독에게 패함으로써 카리브 지역의 영국령에 대한 영향력을 상실하게 된 전투이다. 후드(Alexander Hood, 1758～1798)는 영국 해군 장교로서 미국 독립 전쟁 당시 로드니 제독 휘하에서 싸웠으며 생트 전투에도 참전하였다. 호킨스(Sir Christopher Hawkins, 1758～1829)는 콘월 출신의 지주이자 광산 소유자였다. 토리당(Tory) 당원이었으며 증기 탈곡기(steam threshing machine) 제작을 후원하였다. 드레이크(Francis Drake, 1540～1596)는 해적으로 활동한 경력이 있으며, 1581년 엘리자베스 여왕으로부터 기사 작위를 수여받았다. 젊어서 사촌 존 호킨스(John Hawkins)와 함께 노예무역에 관여하기도 했다. 1573년 스페인의 무역선(Silver Train)을 포획하였으며, 1588년 영국을 공격하려는 스페인 함대를 물리치는데 공을 세웠다. 앞서 언급된 이들은 모두 영국의 식민주의 사업과 깊은 연관이 있는 자들로서 그 흔적이 앤티가의 지명에 남아 있으며, 킨케이드는 이들을 해양 범죄자라고 비난하고 있다.

아무도 거기에다 낙서하지 못했습니다. 그 벽은 낙서 하나 없이 하얗고 높게 솟아 있었습니다. (언젠가 나는 이 벽 뒤로 사라져간 영국에서 온 창백한 얼굴을 한 공주[14)]를 보기 위해 뜨거운 태양 아래 몇 시간동안 서 있었습니다. 당시 나는 7살이었습니다. 그래서 나는 그녀가 창백한 얼굴을 하고 있다고 생각했습니다.) 하이 스트리트 아래쪽과 재무성 위쪽 사이에 도서관이 있었으며, 식민 정부의 모든 일이 이루어지는 곳이 바로 이 지역이었습니다. 하이 스트리트에 있는 재무성에서 수표를 현금으로 바꿀 수 있었으며, 도서관에서 책을 볼 수 있었고, 우체국에서 편지를 보낼 수 있었으며, 법정에서 치안판사 앞에 출두할 수 있었습니다. (우리는 영국인들의 지배를 받고 있었기 때문에 그들의 법에 따랐습니다. 비방 하는 것에 대한 법률이 있었습니다. 매사가 이야기를 통해 남을 웃음거리로 만들려는 사람들에게 이런 법이 존재한다는 것을 상상할 수 있나요? 카리브 사람들이 영국에 가면, 그곳 경찰들은 자신들이 욕설을 듣고 있는지 그렇지 않은지 알기위해 카리브 욕설을 모은 소책자를 소지하였습니다.) 당신이 여권을 받을 수 있는 정부의 또 다른 기관 역시 바로 이 하이 스트리트 지역에 있었습니다. 하이 스트리트의 중간쯤에 바클레이즈 은행이 있었습니다. 바클레이즈 은행을 시작한 바클레이 형제는 노예 무역상이었

14) 마가렛 공주(Margaret Princess).

습니다. 그들이 돈을 벌 수 있었던 것은 노예무역 때문입니다. 영국이 노예무역을 폐지했을 때, 바클레이 형제는 은행업에 뛰어들었습니다. 이 사업이 그들을 훨씬 더 부자로 만들어주었습니다. 은행업이 자신들을 얼마나 부자로 만들어주었는지 알았을 때 그들은 노예제도 폐지를 반대했던 스스로를 나무랐습니다(왜냐하면 그들은 분명히 그것에 반대했을 것이기 때문입니다). 당시 그들은 환상에 빠져 노예제도 폐지를 선동했었을 수도 있습니다. 왜냐하면 그들은 (자신들의 계좌를 통해) 노예 후손들로부터 돈을 빌려와 다시 그들에게 빌려주는 은행업을 통해, 그들이 얼마나 부자가 되었는지 보았기 때문입니다. 하지만 나보다 조금 나이가 든 사람들은 앤티가에 있는 바로 이 바클레이즈 은행에 흑인이 출납원으로 처음 고용되던 날과 그의 이름을 어렵지 않게 기억할 수 있습니다. 당신은 어떤 사람들이 왜 매사에 분노하는지 생각해 본 적이 있습니까? 만약 내 삶에 어떤 전환점이 있었다면 그것은 바클레이즈 은행이었다고 나는 생각합니다. 그곳에서 나는, 우리 모두는 슬픔 속에 빠져 있었습니다. 당신은 나 같은 사람들이 왜 과거를 극복할 수 없는지, 용서할 수 없는지, 잊을 수 없는지 이해하려 해 본 적이 있습니까? 거기에는 바클레이즈 은행이 있습니다. 바클레이 형제는 죽었습니다. 그들이 노예로 팔았던 사람들, 그들에게 단지 상품에 불과했던 사람들도 죽었습니다. 그들 모두가 같은 결말을 맞지 않았어야 했습니다. 어떤 이에게는 보상으로 천국도 부족하고, 다른 이에게는 벌로 지옥이 마땅합니다. 이런 결말을 생각하는 사람들은 모든 나쁜 행동, 심지어 모든 나쁜 생각에도 응당한 심판이 따른다고 믿습니다. 그러한 이유 때문에 당신은 나 같은 사람들에게서 이해할 수 없는 점을 발견하겠지요? 우리는 때때로 당신이 응당 심판을 받아야 한다고 주장합니다.

그리고 당시 그곳엔 밀 리프 클럽[15)]이라 불리는 또 다른 저택이 있었습니다. 그 집은 앤티가에서 살기 원하거나 앤티가에서 휴가를 보내기 원했지만, 앤티가 사람들(흑인들)을 전혀 좋아하지 않았던 북아메리카에서 온 사람들에 의해 지어졌습니다. 밀 리프 클럽은 그곳을 완전한 사유지로 공포하고 있었기 때문에, 출입이 허락된 유일한 앤티가 사람들(흑인들)은 하인들뿐이었습니다. 사람들은 클럽하우스에서 샌드위치를 먹은 최초의 앤티가 사람(흑인)의 이름과 그 일이 일어났던 날을 어렵지 않게 기억하며, 골프장에서 골프를 친 최초의 앤티가 사람(흑인)의 이름과 그 일이 일어났던 날을 쉽게 이야기 합니다. 당시 우리 앤티가 사람들은 밀 리프 클럽 사람들이 돼지처럼 잘못된 예절을 지녔다고 생각했습

---

15) Mill Reef Club. 1974년 로버트슨 워드(Robertson Ward)에 의해 지어진 앤티가에 있는 700에이커 규모의 리조트이다. 이 클럽은 세상에 드러나는 것을 꺼리면서도 부를 과시하려는 부자들을 위한 곳으로, 엄격하고 폐쇄적인 회원제로 운영되고 있다.

니다. 그들은 돼지처럼 버릇없게 행동하고 있었습니다. 그곳에서 그들은 누군가의 집에 와 있는 이방인이었지만, 그들은 집주인과 말하는 것도 인간적인 어떤 친밀한 관계를 갖는 것도 거부하였습니다. 나는 그들이 매년 한 두 명의 똑똑한 아이들에게 해외에서 공부할 수 있도록 장학금을 주었다는 말을 믿습니다. 나는 그들이 아동 자선단체에 기부금을 주었다는 말을 믿습니다. 이런 일들은 그들 스스로에게 매우 위대하고 훌륭한 것처럼 보이겠지만, 우리들에게 그들은 돼지우리(밀 리프 클럽)에 살고 있는 돼지였습니다. 그리고 이 작은 섬에서 나쁜 행동을 하고 있는 북아메리카에서 온 사람들, 영국에서 온 사람들, 유럽에서 온 이 사람들은 어떤 존재들입니까? 인간처럼 행동하지 않는 데서 헤아릴 수 없는 즐거움을 얻는다는 듯, 악한 행동을 즐기고 있으니 말입니다. 당신에게 한 남자에 대해 이야기해 드리겠습니다. 치의학을 공부한 그는 스스로 소아질병을 전공한 의사라고 소개했습니다. 아무도 이의를 제기하지 않았습니다 - 분명히 우리는 이의를 제기하지 않았습니다. 그는 체코슬로바키아의 난민으로서 (히틀러에게서 도망쳐) 앤티가에 왔습니다. 이 남자는 우리가 자신 앞에 나타나는 것을 허락하기에 앞서 아내를 보내 검사할 정도로 우리를 싫어했습니다. 그의 아내는 우리에게서 냄새는 나지 않는지, 손톱 밑에 때는 없는지, 피부 색깔 이외에 그를 불쾌하게 할 다른 어떤 것은 없는지 확인하곤 하였습니다. (언젠가 내가 백일해에 걸려 상태가 악화되자, 어머니는 이 의사에게 보이기 위해 내게 옷을 입혀 데려가기에 앞서, 내 목의 주름진 곳과 귀 뒤쪽 그리고 다른 어떤 곳에 나쁜 냄새나 더러운 때는 없는지 확인하려 꼼꼼히 살펴보셨던 일을 기억합니다. 내 어머니는 집파리가 옮길 수 있는 온갖 끔직한 질병들을 줄줄 외울 정도로 알고 계셨기 때문에, 순박한 내 어머니는 자신과 그 의사가 세균에 대해 같은 강박관념을 공유하고 있다고 생각하셨습니다.) 당시 한 여학교에 여교장이 있었습니다. 그녀는 영국에 있는 식민주의 부서를 통해 고용된 후, 이 학교를 관리하도록 앤티가에 보내졌습니다. 내가 살던 당시 이 학교는 단지 사생아[백인과 원주민 사이의 혼혈아]로 태어난 소녀들만 받아들였습니다. 앤티가에서는 아무도 이것이 흑인 아이들을 이 학교에 들여놓지 않으려는 술수라는 것을 알지 못했습니다. 그녀는 북아일랜드 출신으로 대학을 졸업한지 그리 오래되지 않은 26살의 여성이었습니다. 그녀는 여학생들에게 나무에서 막 내려온 원숭이들처럼 행동하지 말라고 반복해서 말했습니다. 아무도 이런 말이 인종차별이라고 생각해 본 적은 없었습니다. 우리는 이 사람들이 매우 무례하다고 생각했으며, 이런 행동에 매우 놀랐습니다. 왜냐하면 그들은 고향으로부터 멀리 떠나와 있었고, 고향으로부터 멀리 떠나오면 올수록 사람은 행동을 더 바르게 해야 한다고 우리는 믿었기 때문입니다. (이것은 만약 당신이 나쁜 행동으로 말미암아 곤경에 처한다 할지라도 당신을 방어해줄 가족이 너무 멀리 있어서는 안 되기 때문입니다.) 우리는 그들이 기독교도 같지 않다고 생각했습니다. 우리는 그들이 소인배 같다고 생각했습니다. 우리는 인간이 될 수 있는 기준을 알고 있었기 때문에, 그들은 인간 기준에 약간 못 미치는 동물 같은 존재라고 생각했습니다. 우리는 이들보다 우월하다고 느꼈습니다. 그들 중 이런 식으로 행동하는 영국인은 어쩌면 진짜 영국인이 아니라고 생각했습니다. 왜냐하면 우리는 영국인을 문명화 된 존재로 알고 있었으며, 이런 행동은 영국인이 우리를 구제해주기 전에 우리가 했던 것과 같은 동물이나 할 수 있는 것이기 때문입니다. 그리고 그들은 결코 진짜 영국, 즉 어떤 배도 우리를 데려갈 수 없는 너무나 멀리 떨어져 있는, 우리는 무슨 수를 써도 살 수 없는 진짜 영국이 아닌 다른 영국, 즉 우리가 들었던 영국과는 전혀 다른 우리에게 익숙하지 않은, 우리가 결코 태어날 수 없는 진짜 영국과는 다른 영국 출신이었을 것입니다. 우리는 보다 우월하게 느꼈습니다. 왜냐하면 우리는 훨씬 더 바르게 행동했고 정중함으로 충만했었지만, 이 사람들은 매우 버릇없게 행동했으며 정중함이란 전혀 없었기 때문입니다. (물론 선량한 행동이란 약자들과 아이들이 일부러 꾸며낸 태도라는 것을 이제 나도 알고 있습니다.) 우리는 영국

왕들의 이름을 배웠습니다. 앤티가에서 5월 24일은 국경일 – 빅토리아 여왕의 공식 탄생일 – 입니다. 우리는 스스로에게, 정말 매력 없던 그 사람이 오래전에 죽지 않았어?라고 말하지는 않았습니다. 대신 우리는 휴일에 쉴 수 있어서 즐거웠습니다. 어느 날 나는 빈틈없어 보이는 한 영국인의 맞은편에 앉아 식사 중이었습니다(내가 살아 있는 동안에 이런 일이 생겼습니다). 그는 영국 제국이 아직 건재할 때 제 일을 할 줄 알았지만, 제국이 종말을 고한 후 아무런 할 일이 없어진 그런 사람 중 하나였습니다. 그들은 매우 슬퍼보였으며, 역사의 쓰레기 더미 위에 앉아있는 것처럼 보였습니다. 나는 영국과 영국인에 대해 갖고 있는 일상적이고 장황한 이야기를 읊어대다 말을 마치려고, "그런데 우리가 빅토리아 여왕 탄생일을 기념해야 한다는 사실을 아세요?"라고 말했습니다. 그러자 그는 영국에서 그가 다녔던 학교에서는 매년 여왕이 사망한 날을 기념한다고 말했습니다. "글쎄요, 그녀가 당신들과 같은 종족이기 때문에 그녀를 위해 당신들이 무엇을 하건 그것은 어쩔 수 없지만, 적어도 그녀가 죽었다는 것은 알아야죠."라고 나는 말했습니다. 그리고 우리에겐 그것 – 빅토리아 여왕 그 자체와 그녀가 이 세상에 온 영광스러운 날 – 이 영국입니다. 우리가 만난 추하고 돼지 같은 존재들이 아닌 생동감 있고 축복받은 존재, 그리고 이 아름답고 축복받은 곳이 영국입니다. 북아메리카에서 온 사람들이 자신들이 영국을 얼마나 사랑하는지, 그리고 전통 있는 영국이 얼마나 아름다운지를 내게 말하는 것을 듣는 일이 나를 얼마나 화나게 하는지 당신은 모를 것입니다. 마차 안에서 군중들에게 손을 흔들고 지나가면서 볼 수 있는 것은 고작 초라한 행색의 주름진 얼굴을 한 사람들뿐입니다. 하지만 내가 보는 것은 수백만 명의 사람들, 나도 그들 중 한 사람이지만, 누군가에 의해 만들어진 수많은 고아들입니다. 그것은 모국도 없고 조국도 없으며, 숭배할 어떤 신도 없고 성지를 위한 토대도 없으며, 가끔 어떤 사건을 초래하는 지나친 사랑도 없으며, 그 중 가장 나쁘고 무엇보다 고통스러운 것은 모국어가 없다는 것입니다. 왜냐하면, 내가 이런 범죄에 대해 말하기 위해 사용할 수 있는 유일한 언어가 범죄를 저질렀던 그 범죄자들의 언어뿐이라는 것은 모순 아닌가요? 그리고 이것이 진정으로 의미하는 바는 무엇인가요? 범죄자들의 언어는 범죄 행위의 좋은 점만을 내포할 수 있기 때문입니다. 범죄자들의 언어는 단지 범죄자들의 관점에서만 그 행위를 설명하고 명시할 수 있습니다. 그것은 그 행위로부터 발생하는 공포, 그 행위로부터 발생하는 부당함과 고통 그리고 나에게 가해지는 굴욕을 담아낼 수 없습니다. 내가 범죄자에게 "이것은 잘못이에요. 이것은 잘못이에요. 이것은 잘못이에요." 또는 "이런 행동은 나빠요. 저런 행동은 나빠요. 이런 것도 너무 너무 나빠요."라고 말하면,

그 범죄자는 "잘못이다"는 말을 "그"가 범죄로부터 생긴 이익에 대해 그의 공평한 몫을 약속한대로 받지 못했을 때, 그것은 잘못이라는 식으로 이해합니다. 그는 "나쁘다"는 말을 동료 범죄자가 의무를 저버렸다는 식으로 이해합니다. 이것은 내가 "너무 화가 나요."라고 말하면, 그 범죄자는 "그런데 왜[화가 나지]?"라고 말하는 이유와 같습니다. 그리고 내가 범죄자 때문에 삶이 대체로 힘들게 되었다고 분노해서 말하면, 그 범죄자는 충격을 받거나 놀라워합니다(내 삶 역시 힘든 삶 아닌가?). 하지만 이런 잘못은 결코 바로 잡아질 수 없기 때문에, 내 분노를 누그러뜨릴 수 있는 것은 아무 것도 – 어떤 사과도, 엄청나게 많은 돈도, 범죄자의 죽음도 – 없습니다. 한 번 발생한 일을 발생하지 않은 것으로 되돌릴 수 있는 방법이 있을까요? 따라서 불가능만이 나를 진정시킬 수 있습니다. 그러니 내가 발산하고 있는 분노가 오래 동안 지속되는 이유, 즉 이런 일들에 대해 가만히 앉아 생각하는 것이 얼마나 고통스럽고 얼마나 우울한 일인지 생각해 보십시오. 나는 영국의 한 공주의 이름을 따서 명명된 학교[16]에 다녔습니다. 나는 수년 후 어딘가에서 이 공주가 카리브 지역[17]으로 여행하게 된 사연을 읽

16) 자메이카 킨케이드는 실제로 Princess Margaret School에 다녔다.

17) West Indies. 이 지역은 영국에서는 주로 서인도(West Indies)로, 프랑스에서는 카리브 지역(the Caribbean)으로 불린다. 하지만 이 글에서는 편의상 카리브 지역으로 번역하였다.

었습니다(여행에는 앤티가가 포함되어 있었으며, 그녀는 여행 중 우리 학교의 개교식에 참석하였습니다). 공주가 한 유부남과 사랑에 빠졌지만, 이혼남과의 결혼이 허락되지 않았기 때문에 그와의 실연의 상처를 치유하기 위해 우리를 방문하도록 보내진 것이었습니다. 나는 앤티가의 모든 사람들이 이 공주라는 사람을 보기 위해 모여들었던 일, 그녀가 들르기로 한 모든 건물을 새 것처럼 보이게 하기 위해 수리하고 페인트칠했던 일, 그녀가 직접 햇볕을 쬐기로 한 해변을 마치 전에 그곳에서 아무도 햇볕을 쬔 적이 없었던 것처럼 보이게 했던 일(지금 와서 생각하니 사람들이 가엾은 바다에 어떤 일을 하였을지 궁금합니다. 내 말은 바다를 새 것처럼 보이게 만들 수 있을까?라는 것입니다), 그리고 그녀가 만난 사람들은 모두 앤티가에서 가장 훌륭한 사람들이었다는 것을 아주 잘 기억하고 있습니다. 하지만 우리가 구름처럼 떼로 몰려들었던 그 사람에 대해, 우리가 마치 신처럼 떠받들던 그 사람이 너무나 흔한 것, 너무나 일상적인 일 때문에 우리들 속에 와 있었다는 것에 대해 아무도 말해 주지 않았습니다. 그녀의 인생은 그녀가 바라는 대로 되지 않았습니다. 그녀의 인생은 커다란 혼란이었습니다. 내가 자랐던 앤티가는 영국을 중심으로 거의 완벽하게 회전하고 있는 것 같다고 말하지 않았던가요? 네, 그건 그렇습니다. 나는 영국을 통해서 세상을 만났습니다. 따라서 만약 세상이 나를

만나기 원한다면, 그것도 영국을 통해서 그렇게 해야 할 것입니다.[18)]

"그녀는 오래 전에 일어났던 일, 그 모든 일들로부터 벗어날 수 없었던 것은 아닐까? 그리고 만약 일이 다른 방식으로 일어났다면 그녀의 조상들이 그렇게 나쁘게 행동하지 않았으리라는 것을 어떻게 알 수 있을까? 왜냐하면, 기회가 주어졌을 때 모든 사람은 결국 나쁘게 행동하지 않는가?"라고 당신은 스스로에게 묻겠지요?

앤티가에 대한 우리의 인식－마음씨 나쁜 이 사람들이 지배하는 이곳에 대한 우리의 인식－은 정치적인 것은 아닙니다. 영국인들은 예의 없는 사람들이지 인종차별주의자들은 아니었습니다. 특히 학교 여교장은 예의 없는 사람이었지 인종차별주의자는 아니었습니다. 의사 역시 정신이 이상한 사람－그는 심지어 영어도 잘 못했고 낯선 이름이 붙은 나라에서 온 사람－이었지 인종차별주의자는 아니었습니다. 밀 리프 클럽에 살았던 사람들은 (그들이

---

18) 앤티가 뿐만 아니라 대부분의 식민지 국가들은 영국의 식민지배를 통해 세상을 알게 되었다 해도 과언은 아니다. 이는 단순히 영국의 식민지배를 통해 식민지 국가들이 세상과 교류하게 되었다는 의미는 아니다. 인도와 중국 그리고 아프리카 일부 국가들은 식민지배 이전에 이미 세상과 경제적·문화적 네트워크를 형성하고 있었다. 하지만 식민지 국가들이 인종주의나 자본주의와 같은 비인간적이고 냉혹한 현실을 직면하게 된 것은 식민지배로부터 시작된다. 따라서 오늘날 과거 식민국가들의 (낙후된) 실상을 이해하기 위해서는 영국의 식민지배에 대한 언급은 필수적이다.

혐오하는 사람들이 주로 살고 있는 곳으로 와서 사는 이유 때문에) 이상했지만 인종차별주의자들은 아니었습니다.

나 같은 사람들이 당신들에게서 배웠으리라 짐작되는 모든 일이, 서로를 투옥하거나 살해하는 방법이거나, 바르지 않게 통치하거나 또는 국부를 빼돌려 스위스은행 계좌에 넣는 일인지, 그 이유를 궁금하게 여겨 본 적이 있습니까? 우리가 당신으로부터 배운 것으로 짐작되는 모든 것이 우리 사회를 부패시키는 방법과 압제자가 되는 방법인 이유에 대해 궁금하게 여겨 본 적이 있습니까? 당신은 이것이 대부분 당신들의 과오라는 것을 인정해야만 할 것입니다. 당신들이 우리에게 어떻게 보였는지 당신에게 알려드리겠습니다. 당신들은 [우리에게] 왔습니다. 당신들은 당신들의 것이 아닌 것들을 가져가면서 체면 때문에라도 먼저 정중히 말했어야 했지만 그러지 않았습니다. 당신들이 "제가 이걸 가져도 될까요?"라고 말하고, 우리가 그러세요 또는 안돼요라고 대답했더라도 그 결과는 분명히 마찬가지였겠지만, 당신들은 훨씬 더 좋은 인상을 주었을 것입니다. 내 말을 믿으세요. 그것은 훨씬 효과가 있었을 것입니다. 나는 적어도 당신들이 공손했다는 점을 인정해야만 했을 것입니다. 당신들은 사람들을 살해했습니다. 당신들은 사람들을 가두었습니다. 당신들은 사람들을 약탈했습니다. 당신들은 은행을 만들고 우리들의 돈으로 그곳을 채웠습니다. 계좌들은 당신들의 이름으로 되어있었습니다. 은행은 당신들의 이름으로 되어있었습니다. 당신들 중에는 분명히 좋은 사람들도 있었지만, 그들은 본국에 머물렀습니다. 그리고 요점은 바로 그것입니다. 그들이 좋은 이유는 그들이 고향에 머물렀다는 점 바로 그것입니다. 하지만 당신들이 그것에[19] 대해 생각할 때, 당신들은 분명히 아직도 조금 슬플 것입니다. 동요가 있은 여러 해 후 마침내 나와 같은 사람들[흑인 노예들]은 우리를 지배하는 당신들의 부당함에 대해 설득력 있는 웅변을 내놓고 은밀하게 행동하였습니다. 마침내 당신과 당신의 아내 그리고 당신의 아이들의 절단된 시신들이 당신의 고무 농장의 가장자리에 있는 아름답고 널찍한 방갈로에서 – 당신의 집안 하인들 중 한 사람에 의해 (그 중 어떤 것도 당신의 것은 아니었으며, 절대 당신의 것이 아닌 곳에서) – 발견되었습니다. 당신들은 "좋아, 난 이제 너희들의 모든 것에서 손을 떼겠어. 나는 이제 떠날 거야."라고 말하고 떠납니다. 그리고 당신들이 우리에게 했던 바로 그 방식으로 우리가 우리 자신에게 하는 것을 멀리서 지켜봅니다. 그리고 당신들처럼 하기에는 아직 멀었다고 생각할 것입니다. 당신들은 계몽주의 시대의 의미를 이해했다고 생각할 것입니다(내가 아는 한 당신들은 착한 일은 거의 하

19) 흑인 노예들의 반란으로 볼 수 있다.

지 않았습니다). 당신들은 지식을 좋아했기 때문에 어디에 가든 학교와 도서관을 세워야 한다고 확신했습니다(맞습니다. 하지만 당신들은 이 두 곳에서 우리의 역사를 왜곡하거나 말살시키고, 당신들의 역사를 찬미하였습니다). 하지만 당신이 지금 내가 살고 있는 곳의 와해, 내가 말하는 철저히 몰락한 내 삶을 다시 지켜보는 동안, 어쩌면 당신은 나 같은 사람은 어떤 것을 경영할 수 없고, 나 같은 사람은 국민총생산이라는 개념을 결코 이해할 수 없으며, 나 같은 사람은 당신이 통치했던 것들 중 가장 단순한 것도 결코 통치할 수 없으며, 나 같은 사람은 법에 의한 통치 개념을 결코 이해할 수 없으며, 나 같은 사람은 추상적인 생각은 결코 할 수 없으며, 나 같은 사람은 객관적일 수 없으며, 나와 같은 사람들은 매우 개인적인 것들만 만들 수 있다는 생각을 늘 해 왔음을 기억할 것입니다. 관료정치와 국민총생산은 당신들의 발명품 중 하나이며, 당신이 알고 있는 모든 법률이 이상하게도 당신만을 편애하는 상황에서 당신이 무슨 일을 하였는지 당신은 기억하지 못할 것입니다. 당신은 나 같은 사람들이 왜 자본주의자가 되는 것에 대해 부끄러워하는지 알고 있습니까? 글쎄요, 그것은 우리가 당신들을 알고 지낸 오랜 기간 동안 우리는 면화 꾸러미나 설탕 자루처럼 자본***이었으며***, 당신들은 명령을 내리는 잔인한 자본주의자들이었기 때문입니다.[20] 그리고 이 기억이 너무 강렬하고 이 경험이 너무 생생하기 때문에, 우리는 당신들이 생각했던 그 이념을 당신들만큼 우리 스스로가 받아들일 수 없기 때문입니다. 나는 더 이상 당신들을 만나기 전에 우리가 어떤 모습이었는지 관심 없습니다. 우리 조상이 지배했던 시기, 복잡한 문명화에[21] 대한 기록은 더 이상 내게 위안이 되지 않습니다. 비록 내가 정말 나무 위의 원숭이 같은 삶을 산 종족의 후손이라 할지라도, 내가 당신을 만난 후 내게 일어났던 일이나 내 모습보다는 훨씬 나았을 것입니다.

---

20) 커피와 설탕 그리고 면화는 식민지배자의 입장에서는 이익을 창출하는 재화이지만, 피식민자의 입장에서 그것은 강탈과 희생을 의미한다. 커피와 설탕 그리고 면화를 생산하기 위해 카리브 지역의 많은 플랜테이션에서 수많은 노예들이 희생당했다. 만약 앤티가처럼 과거 식민지배의 경험을 가진 국가가 자본주의 국가가 된다면, 그것은 또 다른 희생자를 유발하는 것과 같다.

21) 식민주의자들은 아프리카나 카리브 지역에 국가나 문명이 존재하지 않았다고 주장하지만, 탈식민 연구자들은 식민지배 이전에 아프리카나 중남미 지역에 제국과 문명이 존재했다고 주장한다. 이 글에서 저자가 자신의 조상을 누구로 보느냐에 따라 해석이 달라진다. 카리브인들의 조상을 아프리카인으로 간주할 경우 아프리카에 존재했던 카르타고 왕국이나, 사하라 사막 지역에 있었던 가나나 송하이 제국 그리고 짐바브웨나 콩고 제국/문화로 해석되며, 중남미인으로 간주할 경우 마야나 잉카 그리고 아즈텍 문화/제국으로 해석할 수 있다.

A Small Place

03

그러므로 어느 날 앤티가의 마켓 스트리트에 서서 오르막길과 내리막길 양쪽을 바라보면서, 내가 직면하고 있는 앤티가 자치정부가 마음씨 나쁜 영국인들이 지배했던 때의 앤티가나 그들이 가져온 온갖 사악한 것들보다 더 나쁜 곳이 된 데 대해 내 스스로에게 물을 때, 그 심정이 어떠했을지 당신은 짐작할 수 있을 것입니다. 어쩌다 앤티가는 내가 내 자신에게 이런 것을 물어야 하는 상황에까지 이르게 되었을까요? "지금 이곳에서 무슨 일이 일어나고 있나요?"라는 질문에 앤티가 사람들의 입을 통해서 들을 수 있는 한결같은 말은 "정부가 부패했어요. 그들은 도둑들이에요. 그들은 대도들이에요."라는 답변입니다. 그러니 내가 당신에게 이런 이야기를 할 때 내 마음 속의 괴로움과 수치심을 생각해 보십시오. 나는 마켓 스트리트의 도서관 건물 앞에 서 있었습니다. 도서관! 그런데 도서관이 왜 마켓 스트리트에 있지? 나는 내 자신에게 물었습니다. 수 년 전 그 유명한 지진으로 피해를 입은 옛 도서관 건물, 즉 **이 건물은 1974년 대지진으로 손상되었음. 보수 미정**이라는 전설적인 푯말이 붙은 이 건물은 왜 수리되지 않았으며, 왜 전에 있던 곳으로 되돌아가지 않았을까요? 그리고 대지진이 옛 도서관 건물에 손상을 입힌 후 여러 해가 지나서도, 왜 새 건물이 지어지지 않았을까요? 왜 도서관이 낡고 황폐해진 시멘트 벽돌 건물 내에 있는 포목점 위층에 있을까요? 세상에, 정부는 왜 도서관이 이 지경이 되도록 방치해 두나요? 정부는 그것이 부패 또는 일이 잘못 되고 있는 좋은 예라고 생각하나요?라고 당신은 말할 것입니다. 하지만 만약 당신이 예전 그곳에 있었던 노란색, 나 같은 사람들에겐 너무나 아름답게 느껴지는 색으로 페인트칠해진 크고 오래된 목조건물과 넓은 베란다, 크고 늘 열려 있던 창문과 책이 가득 꽂힌 채 줄줄이 서 있던 서가, 그리고 앉아서 책을 볼 수 있는 나무로 된 아름다운 테이블과 의자들이 놓여있던 옛 건물을 보았다면, 그리고 만약 당신이 그곳의 정적 소리를 들어보았다면(왜냐하면 도서관에서는 정적도 일종의 소리이기 때문에), 바다 내음을 맡아보았다면(바다는 엎어지면 코 닿을 거리에 있었습니다), 태양의 열기를 느껴보았다면(우리에게 태양을 가릴만한 건물은 없었습니다), 그리고 우리가 당신을 만난 동화 같은 이야기와 당신이 한 행위들의 정당함 그리고 과거 당신들이 얼마나 아름다웠으며 현재도 미래에도 늘 아름다울 것이라는 것을 반복해서 읽으면서, 마치 제단에서 성채를 배령하는 사람처럼 그곳에 앉아 있던 우리의 아름다운 모습을 보았다면, 만약 당신이 내가 말한 이 모든 것들을 한눈에 인식할 수 있다면, 오늘날 앤티가에서 도서관으로 통하는 이 똥 같은 상황을 보고서 내 심장이 멎을 것 같은 이유를 이해할 것입니다. 낡고 황폐해진 시멘트 건물의 포목점 위층에 있는 지금의 도서관은 옛 건물에서 가져온 책들을 모두 소장하기에는 너무 좁아, 대부분의 책들이 당신들의 위대함에 대해 나에게 알려주기를 기다리며 각각의 서가에 안전하게 꽂혀 있는 대신, 곰팡이 피고 먼지에 쌓여 손상된 채 방 안의 종이 상자 속에 담겨 있습니다. 이곳에 있는 젊은 도서관 직원은 사람들이 원하는 책을 찾지 못합니다. 나는 그 이유가 공공 도서관의 책들이 오랜 기간 동안 종이 상자 속에 보관되어 온 어수선함 때문인지, 젊은 도서관 직원이 식민시대 이후 받은 수준 낮은 교육 때문인지 알지 못합니다. (오늘날 앤티가의 대부분의 젊은이들은 거의 문맹에 가까운 것 같습니다. 하지만 방송국에서 뉴스를 진행하는 사람들은 영어가 마치 자신들의 여섯 번째 언어였던 것처럼 사용합니다. 언젠가 카니발 시즌에 나는 "십대들의 가장행렬"이라 불리는 행사에 참석했습니다. 이 행사에서 십대 소년 소녀들은 팝송을 부르며 스타디움의 무대 위에서 행렬을 하였습니다. 이 노래는 노예제도에 대해 자신들이 쓴 시를 낭송할 십대들 사이에서 최고로 유행하는 "가장 위대한 사랑"이라는 섬뜩한 노래였습니다. 이 노래 속에는 노예제도에 대한 고유한 강박관념이 들어 있었으며, 전반적으로 자신들을 조롱하는 노래였습니다. 내가 그들에게서 가장 놀란 것은 우리 세대의 젊은이들이 영국의 하찮은 것들에 익숙해져 있었던 것과 비교해, 요즘 젊은이들은 북아메리카의 쓰레기 같은 것들에 너무 익숙해져 있다는 점이 아니었습니다. 그들은 우리 세대와 달리 너무 어리석게 보였고, 자신에 대한 간단한 질문에도 자신들의 모국어인 영어로 똑바로 대답하지 못한다는 점이었습니다. 우리 세대의 젊은이들은 학교의 무대에 서는 것이 허락되지 않았으며, 스타디움의 청중 앞에 서는 일도 훨씬 적었습니다.) 식민지 시대부터 지금까지 근무하고 있는 도서관장은 도서관에 도움을 줄 수 있는 재력가나 권력가가 없을까 궁리하거나, 앤티가를 오래 동안 떠나 있다 되돌아와서 도서관이 포목점 위층에 자리하고 있는 것을 보고 놀라거나 언짢아하는 앤티가 사람들에게 사과하거나, 밀 리프 클럽에 사는 사람들이 마침내 마음을 누그러뜨리고 옛 도서관 건물이나 지금의 도서관을 보수하는 대신, 새 도서관 건물을 지을 수 있도록 자금을 기부할 것이라고 생각하면서 시간을 보내고 있는 것 같았습니다. (밀 리프 클럽에 사는 사람들은 옛 앤티가를 사랑합니다. 나도 옛 앤티가를 사랑합니다. 확실한 것은 우리가 마음속에 그리는 옛 앤티가가 똑같지 않다는 것입니다.) 내가 어렸을 때 그리고 이 도서관의 회원이었을 때, 이 여자는 도서관장이었습니다. 당시 그녀는 오만하고 거만하게 보였으며, 우리를 의심하는 것 같았습니다(나 같은 경우 도서관으로부터 많은 책을 훔쳤기 때문에 그녀의 태도는 정당한 것이었습니다. 나는 정말로 책을 훔칠 의도는 아니었습니다. 단지 나는 내가 한번 읽은 책과 헤어지는 것을 참을 수 없었을 뿐입니다). 그녀는 항상 우리가 뭔가 나쁜 짓을 하려 한다고 확신하는 것 같았습니다. 당시 그녀는 자신의 직업을 매우 자랑스러워했으며, 자신이 공공기관에 소속되어 있는 것에 대해 큰 자부심을 갖고 있는 것 같았습니다. 왜냐하면 지금의 그녀를 보면 그녀는 옛 모습과는 정반대로 보이기 때문입니다. 나는 매주 토요일 오후 도서관에 가곤 하였습니다. 그것은 토요일 오후에 해야 할 일들 중 맨 마지막에 있는 일이었습니다. (내가 가장 좋아하는 일이었기 때문에 나는 이 일을 맨 마지막에 남겨두곤 하였습니다.) 나는 그곳에 앉아서 책을 보며, 내가 사랑했거나 내가 사랑하지 않았던 또는 내가 단지 좋아했던 등과 같은, 나라는 존재가 갖고 있는 불행에 대해 생각하곤 하였습니다. (나는 어린 아이였습니다. 그리고 어린 아이란 자신에 대한 생각으로 가득 찬 존재가 아니겠습니까.) 내 생각에 내가 아홉 살 무렵이었을 때 나는 어린이 문고에 있는 책을 모두 읽어버렸습니다(그곳의 소장 도서는 매우 적었습니다). 그래서 성인 문고에서 책을 빌리기 위해 나는 어머니의 대출카드를 이용해야만 했습니다. 이 도서관 직원은 오늘날 도서관의 이런 수치스런 상황을 지켜보고 있는, 그리고 과거 내가 대출한 도서 이외 더 많은 책들을 가지고 도서관을 빠져나가리라는 것, 그리고 그것은 내 소장도서가 아니고서는 도서관 어디에서도 결코 찾아볼 수 없으리라는 것을 확신하면서 나를 면밀히 감시하던 바로 그 동일인입니다. 이 여자는 내가 두 다리 사이에 책들을 꼭 숨긴 채(나는 이것을 대단한 속임수라고 생각했습니다), 또는 토요일 오후 장보기 위해 가져온 바구니 속에 숨긴 채 도서관을 빠져나가리라는 것을 확신하면서 나를 면밀히 감시하였습니다. 그러니 다시 말하지만 이 도서관이 내게 어떤 의미인지, 이것이 현재 상태까지 몰락한 모습을 보는 일이 왜 내 마음을 슬프게 하는지 아시겠지요? 내가 마켓 스트리트에 서서 도서관이라 불리는 건물을 올려다보고 있는 순간에, 옛 도서관 건물은 한 카니발 흥행단이 세들어 본거지로 사용하고 있었기 때문입니다. 이 카니발 흥행단의 주제는 "왕국에서 온 천사들"이었는데, 내게 그것은 의도된 무언가는 아니더라도 뭔가, 즉 "순수의 나라에서 온 천사들"과 같은 뭔가가 있는 것 같았습니다. (그래서 나는 문화 영역에서 온 무언가가 한때 교육 영역에서 이용한 적이 있는 건물을 점유하는 것은 의미 있는 일이라고 생각했습니다. 왜냐하면 앤티가에서 교육부 장관은 문화부 장관이기도 하기 때문입니다.) 서가가 있었던 곳과 나무 테이블과 의자가 있었던 곳, 정적이 흐르던 곳과 바다 내음이 풍기던 곳, 그리고 그 밖의 온갖 것들이 있었던 자리에는 이제 의상만, 즉 왕국에서 온 천사들을 위한 무대 의상만이 존재했습니다. 몇몇 의상들은 타락 전의 천사를 위한 것이었고, 또 다른 의상들은 타락 후의 천사를 위한 것이었습니다. 타락 후를 재현하는 의상은 그 중 최고였습니다. 그렇다면 도대체 어떤 종류의 공간이 앤티가로 하여금 밀 리프 클럽에 사는 사람들에게 어떤 것이든 말할 수 있는 권리를 허락하였을까요? 그들이 그곳에 살도록 허락받은 것이나, 그들이 그곳에서 계속해서 살아온 방식은 매우 부당합니다. 당시 나는 한 여인을 만나러 갔으며, 그녀의 집안은 밀 리프 클럽을 세우는 데 도움을 주었습니다. 나는 그녀가 옛 도서관 건물을 보수하는 데 매우 적극적인 사람이라고 알고 있었습니다. 이 여자는 앤티가 사람을 하인으로서만 좋아하는 것으로 악명 높았기 때문에, 나는 이미 그녀를 알고 있었습니다. 내가 그녀에게 도서관에 대해 언급한 후 처음 들은 말은 그녀가 늘 자신의 계집애들과 그 계집애들의 아이들에게 도서관을 이용하도록 장려했다는 것이었습니다. 그리고 그녀가 말하는 계집애들은 (나와 다르지 않게) 다 자란 앤티가 여성들로서 그녀의 선물 가게에서 재봉사나 판매원으로 일하는 사람들이었습니다. 그런 다음 그녀는 내게 머지않아 앤티가에 있는 모든 사람들이 하게 될 말을 해주었습니다. 즉 앤티가 정부가 파산 위기에 처해 있기 때문에 어느 나라의 누구든지 앤티가에 올 수 있으며, 약간의 돈으로도 원하는 것을 얻을 수 있다는 말이었습니다. 그리고 나는 이 여자에게 대꾸할 권리마저 빼앗아 가버린 이 사람들에 대해 도대체 어떻게 생각해야 하는지 스스로에게 되물을 수밖에 없었습니다. 왜냐하면 나는 흑인 자치의 앤티가 정부가 처한 곤궁을 지적하면서 그녀가 내비친 만족감을 볼 수 있었기 때문입니다. 어쨌든 그녀와 밀 리프 클럽에 사는 친구들은 옛 도서관 건물이 복구되기를 원하지만, 그들이 복구할 수 있을지 모르겠다고 그녀는 말했습니다. 왜냐하면 세인트존스 지역이 개발되어 작은 상점-부티크-가로 바뀌게 되면, 관광객들이 나타나 그들이 즐겨 사는 그 터무니없는 것들을 구입하여, 모두 집으로 가져간 후 다락방에 넣어 두었다, 그들이 죽은 후 자식들이 결국 버려야만 하기 때문입니다. 나는 많은 사람들로부터 세인트존스 지역을 개발하려는 자가 외국인이라는 소문을 들었습니다. 그는 정부 몰래 석유 생산 이익금을 사취했기 때문에 한때 극동 지역에서 지명수배 된 적이 있었습니다. 그는 평판이 좋지 않아서 자국의 여권으로는 여행할 수 없었으며 앤티가 정부에서 발행한 외교관 여권으로 여행하였습니다. 그래서 나는 교육부 장관에게 도서관 보수에 대해 질의해야겠다고 생각했습니다. 나는 그가 "인재 양성, 국가 건설"이라는 독립 모토를 가진 이 섬나라에 그토록 오랜 기간 동안 왜 적절한 도서관 하나 없었는지에 대해 충분히 설명을 해줄 것으로 확신했습니다. 하지만 내가 이런 질문을 하려했을 즈음 그는 트리니다드에서 열리는 크리켓 경기를 관람 중이었습니다. 그는 교육부 장관과 문화부 장관이었을 뿐만 아니라 체육부 장관이기도 했기 때문입니다. 그는 뭔가를 새롭게 시작하려 했음에 틀림없었습니다. 앤티가에서 크리켓은 스포츠이며 문화입니다. (하지만 내가 당신에게 문화부 장관에 대해 이야기해 드리겠습니다. 문화부 장관이 있다는 것은 그곳에 문화가 존재하지 않음을 의미합니다. 왜냐하면 문화부 장관의 우산 아래 어떤 문화가 싹텄다는 말을 들어본 적이 있습니까? 문화부 장관이 있는 나라는 자유 주간[22]이 있는 나라와 비슷할 것입니다. 자유 주간을 기억하시겠습니까? 미연방고등법원은 자유주간 바로 전 주에 평범한 성인들이 자신의 침실에

22) 미국 자유여신상 건립 100주년을 맞아 4일 동안 열렸던 기념행사. 1986년 7월 3일 뉴욕의 거버너 섬(Governors Island)에서 개회식을 갖고 7월 6일 뉴저지 주의 자이언트 스타디움에서 폐막식을 가졌다.

서 문을 걸어 잠그고 유희를 즐기는 일을 금지한다는 판결을 내렸습니다. 당시 나는 자유주간 행사를 치를 생각을 가진 사람들이 그 같은 [개인적] 자유 제한에 대해 너무 수치스러운 나머지 그 모든 행사를 취소할 것으로 생각했습니다. 하지만 결코 그렇지 않습니다. 자유를 충분히 누리는 나라보다 제한된 자유를 누리는 나라에서 자유주간 행사가 치러졌습니다. 문화가 없거나 문화가 없을지도 모른다고 두려워하는 나라들에 문화부 장관이 있습니다. 그렇다면 문화란 도대체 무엇입니까? 어떤 곳에서 문화는 드럼을 연주하는 방법이며, 다른 곳에서는 사람들이 공공연하게 행동하는 방식이며, 또 어떤 곳에서는 누군가가 음식을 요리하는 방법일 뿐입니다. 그렇다면 이런 것들을 보존시키는 것은 무엇입니까? 왜냐하면 문화란 사람들이 살아가면서 만드는 것, 즉 사람들이 필요할 때 만드는 것 아닐까요?) 오, 나는 문화부 장관이 당시 앤티가에 없었던 것이 오히려 잘 됐다고 생각했습니다. 왜냐하면 이 사람이 나에 대해 그리고 내가 말한 것에 대해 어떻게 받아들일지 몰랐기 때문입니다. 내 어머니가 정치적 견해 때문에 앤티가에서 매우 악명 높게 된 사건이 있었습니다. 어머니는 거의 병적으로 솔직하셨고 어떤 것에 대해 자신의 생각을 말하지 않고는 견디지 못하셨습니다. 그리고 어머니는 거의 모든 일에 관해 많은 관심을 가지고 계셨습니다. 한때 어머니는 앤티가에 존재했던 제2 정치

정당을 지지하였습니다. 앤티가 국민들이 투표를 통해 정부를 출범시킨 이후 여러 해가 지나도록, 그들은 현재의 집권 정당이 아닌 다른 당에 오직 한 차례 투표하였습니다. 한 선거운동 기간에 어머니는 자신이 지지하는 당의 포스터를 문화부 장관의 집 바로 밖에 있는 가로등 기둥에 붙이고 있었습니다. 장관이 소란스런 소리를 듣고 밖으로 나와 (어머니는 큰 소란을 일으키며 이 일을 하곤 했습니다) 소란의 장본인이 내 어머니라는 것을 보고 "***저 여자***가 여기서 무얼 하고 있지?"라고 말했습니다. 어쩌면 지나가는 말이었을 것입니다. 어머니는 이 말에 "내가 저 여자 일 수 있어요. 하지만 나는 선량한 저 여자예요. 레돈다에서 우표를 훔치는 그런 사람은 아니에요."라고 대답했습니다. 어머니는 이 말이 문화부 장관에게 어떤 의미였는지 내게 말해주지 않았지만, 그 말은 장관으로 하여금 아무 대꾸도 못하고 되돌아서서 집 안으로 들어가게 만들었습니다. 레돈다는 카리브해에 있는 불모의 바위섬입니다. 이 섬은 실제로 앤티가보다 몬트세라트나 네비스 섬에 더 가깝지만, 국경선을 결정하던 영국인들에게만 알려진 몇 가지 이유 때문에 레돈다와 바부다와 앤티가 섬이 하나의 국가로 묶이게 되었습니다. 앤티가 사람들이 "국가"를 말할 때 (그리고 그들이 비아냥거리지 않고 "국가"에 대해 말할 때), 그들은 가로 9마일 세로 12마일 넓이의 가뭄으로 고통 받는 앤티가 섬을 가리킬 것입니다.

그리고 앤티가 섬보다 더 작은 바부다 섬을 가리킬 것입니다(영국에서 온 콘드링톤 가문이 처음으로 바부다 섬에 정착하였습니다. 이 가문은 특별한 흑인 그룹을 양육하여 노예로 파는 것을 전문으로 하였습니다). 그리고 앤티가 사람들은 부비 새만 사는 불모의 작은 바위섬 레돈다를 가리킬 것입니다. 한때 레돈다에서 발행되는 우표에 스캔들이 있었습니다. 이 사업으로 인해 엄청나게 많은 돈을 벌었지만, 누가 그 돈을 가졌는지 그리고 우표가 실제 어디서 폐기되는지 아무도 알지 못하는 것 같았습니다. 총 천연색으로 만들어진 이 우표들이 어디에 쓰이며, 이것들이 어디서 만들어지는 것일까요? 내 말은 이게 누구의 아이디어일까? 하는 것입니다. 정부의 급여 명부를 보면 앤티가에는 우표 디자이너가 존재하지 않습니다. 그리고 우표를 인쇄할 때 사용하는 염료와 종이를 보관할 건물도 존재하지 않습니다. 또한 인쇄를 맡은 부서도 존재하지 않습니다. 그렇다면 누가 영국 여왕의 생일을 축하하는 우표 발행을 결정했을까요? 누가 미키 마우스의 생일을 축하하기로 결정했을까요? 전 세계에서 이 지역의 우표는 다채롭고 밝은 색조이어야지, 캐나다의 우표처럼 수수하고 부드러운 색조이어서는 안 된다고 누가 결정했을까요? 나는 어딘가에 우표 연합 회사가 있고, 때때로 그곳 사람들이 회사의 재정적 이윤을 위해 어떤 우표가 가장 좋은지 결정하여, 앤티가와 같은 가난한 나라들에서 이런 우표를 발행하는 것이라고 생각했습니다.

작은 섬에서 사람들은 작은 사건들만 만들어냅니다. 작은 사건은 단절되고 과장되며 반복해서 회자되다 일상 속으로 스며듭니다. 그러므로 어느 순간 작은 섬의 주민들의 말 속에서 흘러나올 수 있으며, 흘러나올 것입니다. 작은 섬의 사람들에게 있어 모든 사건은 국내에서 일어난 일입니다. 그래서 작은 섬의 사람들은 자신을 큰 그림 속에서, 즉 어떤 것 또는 모든 것의 네트워크 속에서 자신은 일부분에 불과하다는 것을 알지 못합니다. 작은 섬의 사람들은 멀리서 자신들을 향해 곧바로 돌진해 오는 사건을 봅니다. 그리고 그들은 "나는 그것이 나를 향해 돌진해 오는 것을 보았어."라고 말합니다. 작은 섬의 사람들은 그 사건이 마치 자신의 머리 위 또는 어깨 위에 앉아 자신을 내리누르는 것 같은 경험을 합니다. 사건은 매우 큰 부담으로 느껴지기 때문에 사람들은 제대로 숨도 못 쉬고 올바르게 생각하지도 못합니다. 그래서 그들은 "나를 향해 돌진하던 것이 이제 내 머리 꼭대기에 있어."라고 말합니다. 마침내 그들이 이 사건을 받아들여 자신들이 이 사건의 일부, 즉 사건의 실재의 일부가 될 때까지 그런 식으로 살아갑니다. 그리고 또 다른 사건이 생겨나 이 과정이 다시 반복될 때까지 그들은 그런 방식에 익숙해져 살아갑니다.

작은 섬의 사람들은 자신에 대해 정확한 설명이나 완전한 설명을 할 수 없습니다. 작은 섬의 사람들은 사건에 대해 (비록 그것이 작은 사건일지라도) 정확한 설명이나 완전한 설명을 할 수 없습니다. 그들에게서 이런 설명은 나올 수 없습니다. 즉 어떤 사건이나 어느 곳에 대한 정확한 설명 또는 완전한 설명은 불가능 합니다. (어느 해 어느 날 그리고 어느 날 어느 시각에 몇 척의 배가 항해를 시작했다는 것은 어떤 그림이나 어떤 이야기에서 매우 작고 세부적인 항목이지만, 이 그림이나 이야기 자체는 결코 명확히 설명할 수 없는 그런 세부적인 것들에 의존합니다.) 작은 섬의 사람들은 정확한 것이나 완전한 것에 관심을 가질 수 없습니다. 왜냐하면 그런 관심은 신중한 고찰과 신중한 고려 그리고 신중한 평가와 신중한 질문을 필요로 하기 때문입니다. 그런 관심은 이런 일들이 일어나는 내면에서 의도된 침묵을 요구하곤 합니다. 그런 관심은 그들이 시간의 실체를 이해하는 방식에 있어서 다시 생각하고 조정할 것을 요구하곤 합니다. 작은 섬에 사는 사람들이 시간을 과거, 현재, 미래로 구분했던 적은 없습니다. 그들에게는 백 년 전에 일어났던 일이 마치 지금 현재에 일어나는 것처럼 생생할 수 있습니다. 그리고 지금 당장 일어나고 있는 일이 그들에겐 마치 백 년 전에 일어났던 일처럼 무덤덤하게 지나갈 수 있습니다. 현재의 행위는 미래의 결과를 예측하고 계획된 것은 아닙니다. 현재의 사건들과 관련 있는 미래가 도래할 때, 그 계기를 찾아 거슬러 오르다 몽환적 회상 속에 머물며, 그 회상의 끝에서 놀라움으로 그들의 눈과 입이 떡 벌어질 때, 작은 섬의 사람들은 마술의 비밀을 구경한 아이들처럼 행동합니다.

앤티가에서 사람들은 노예제도를 푸른 바다 위를 항해하는 커다란 배, 즉 인간 화물–그들의 조상들–로 가득 찬 커다란 배가 가득한 가장행렬처럼 이야기 합니다. 그들은 배에서 내려 잔인하고 비인간적인 상황에서 노동을 강요받았고, 두들겨 맞았고 살해당했습니다. 또한 그들은 팔려갔고 아이들은 부모와 생이별해야 했으며, 이 이별은 영원한 것이었습니다. 이 외에도 다른 나쁜 일들이 많이 있었지만, 어느 순간 이 모든 것들이 갑작스레 노예해방이라 불리는 어떤 것 때문에 끝나버렸습니다. 그리고 나서 그들은 노예해방이 백오십 여 년 전이 아닌 마치 며칠 전에 일어난 것처럼 이야기 합니다. "노예해방"이란 말이 너무 자주 언급되어 마치 노예해방이 동시대에 일어난 것 같으며, 모든 사람들에게 익숙한 어떤 것 같습니다. 어쩌면 거기에는 뭔가가 있습니다. 왜냐하면 앤티가에서 가장 칭송받는 기관은 호텔 종업원 훈련학교이기 때문입니다. 이 학교는 앤티가 사람들에게 훌륭한 종업원이 되는 방법과 눈에 띄지 않는 착한 존재가 되는 방법, 즉 하인이란 어떤 존재인지 가르치고 있습니다. 앤티가 사람들은 노예제도와 해방에 대해 강박관념을 가지고 있으면서도 호텔 종업원 훈련학교의 졸업식이 갖는 의미를 알지 못합니다(졸업식은 라디오와 텔레비전으로 방송됩니다). 사람들은 노예제도와 해방에 대해 강박관념을 가지고 있으면서도 자신들이 부패한 관료들에 의해 지배받고 있다는 사실과, 이 부패한 관료들이 자신의 나라를 부패한 외국인에게 팔아넘겼다는 사실을 알지 못합니다. 앤티가를 통치하고 있는 이들은 자유 투표를 통해 공개적으로 권력을 획득하였습니다. 흑인들을 포획하고 노예로 만든 과정에 대한 설명에서, 지금까지 어떤 노예도 누가 그를 또는 그녀를 포획해서 유럽인 노예주에게 넘겼는지에 대한 언급을 하지 않았습니다. 앤티가 사람들은 부패한 정부에 대한 설명에 있어서도, 자치령의 형태나 또 다른 형태의 통치가 이루어진 20년 동안 단 한 차례, 5년이란 시간을, 제외하고는 모두 현 정권에 권력을 주었다는 사실에 대해 말하기를 꺼려합니다.

앤티가는 작은 섬입니다. 앤티가는 매우 작은 섬입니다. 앤티가에서 어떤 사건은 일상이 될 뿐만 아니라 어떤 일상은 사건이 되기도 합니다. (여기 한 예가 있습니다. 어느 토요일 한 시장에서, 그들이 아는 한 전에 한 번도 만난 적이 없는 두 사람이 우연히 몸이 부딪힙니다. 이 우연한 충돌은 끝없는 말싸움으로 이어집니다. 정말 드라마에서처럼 길을 사이에 두고 마주보고 서 있는 두 사람은 큰 소리로 서로에게 모욕적인 말을 퍼붓습니다. 이 사건은 곧 일상이 됩니다. 왜냐하면 이 두 사람은 때로는 우연히 그리고 때로는 의도적으로 다시 만나고, 만날 때마다 서로를 향해 고함치고 모욕을 줍니다.) 하지만 일상이 된 사건과 사건이 된 일상은 고정된 상태의 사건과 일상으로 남아있지 않습니다. 그들은 장소를 바꿔가며 끝없는 언쟁을 계속하며, 그들의 상태는 날마다 심리적인 미묘한 차이나 상태에 좌우됩니다. 심리적인 미묘한 차이나 상태를 조절하는 힘은 매우 신비롭고 알 수 없게 유지됩니다. 그렇다면 그들은 왜 자신들이 그런 식으로 존재하는지, 왜 그들이 그런 일을 하는지, 왜 그들은 지금처럼 사는지, 왜 자신들이 살고 있는 곳에 살게 되었는지, 왜 그들에게 그런 일들이 일어났는지, 그리고 왜 그런 일들이 이들을 세상과 다른 관계, 즉 지금까지 그들이 세상 모든 사람들의 마음속에서 생겨났던 온갖 사악한 생각의 희생자는 아니었다는 너무나 터무니없는 것을 요구하는 관계를 맺게 되었는지 모르는 걸까요? 그리고 그들은 왜 자신들이 그런 식으로 존재하는지, 그리고 그들은 왜 일상과 사건들을 자신들의 가장 중요한 영역에 놓아둠으로써, 가치 있고 중요한 일들이 (교묘하게도) 픽처 스토리("그는 이런 일을 하였습니다. 그리고나서 그는 저런 일을 하였습니다") 풍으로 만들어지고 있는데도 작은 일에조차 어찌 할 여력을 남겨놓지 않았을까요? 나는 이곳(앤티가)을 봅니다. 그리고 나는 이들(앤티가 사람들)을 봅니다. 하지만 나는 이 사람들이 나를 키웠는지 또는 이곳에서 내가 자라났는지 분간할 수 없습니다. 그리고 나는 불변의 순수한 어린아이로 성장하였는지, 너무 어리석어 이해할 수 없는 세상으로부터 명성을 아직 얻지 못한 예술가로 성장하였는지, 아니면 자신만의 미치광이 수용소를 만들고 있는 정신병자로 성장하였는지, 또는 이 세 가지 모두의 절묘한 결합인지 분간할 수 없습니다.

왜냐하면 사람들이 말하는 세 가지 의미는 모두 한 목소리에, "저 새로 지은 커다란 호텔은 마약 거래의 천국이야"라는 말 속에 담겨 있기 때문입니다. 그 호텔에는 독자적인 출입항이 있어서 그들이 원할 때면 배에 마약을 싣고 들락거릴 수 있습니다. 그 새 호텔이 서 있는 만에는 세상에서 가장 맛 좋은 바다 달팽이[23)]가 있었지만, 그것들은 모두 어디로 사라졌습니까? 비록 앤티가에 있는 모든 해변이 법적으로 공공의 것이지만, 앤티가 사람들이 그 호텔의 해변에 들어가는 것은 허용되지 않습니다. 그들은 입구에서 경비에게 제지당합니다. 그리고 머지않아 앤티가에서 가장 아

---

23) wilks. 카리브해 지역에서 잡히는 식용의 바다 달팽이이다. 검고 흰색의 두꺼운 껍질을 가진 이 달팽이는 영어권 카리브 지역에서 인기 있는 식재료이다. 하지만 오늘날 지나친 포획과 난개발로 인해 거의 멸종 상태에 있다.

름다운 해변이 앤티가 사람들에게는 폐쇄될 것입니다. 캐나다와 남아메리카 국경 사이에서 가장 큰 대리점 중 한 곳인 일본 자동차 판매 대리점은 어느 시리아 사람의 이름으로 등록되어 있지만, 앤티가 정부의 몇몇 장관들이 자신의 몫을 가지고 있습니다. 그리고 정부의 모든 행정 차량들이 특별히 일본산 자동차인 이유는 바로 이 때문입니다. 모든 세관원들이 자가용으로 일본산 자동차의 특정한 브랜드를, 그것도 고급 모델로 가지고 있는 까닭입니다. 매년 세관원들은 가장 최신 모델의 자동차를 구입합니다. 정부의 몇몇 다른 장관들 역시 일본산 자동차 수입 사업에 뛰어듭니다. 그리고 어느 순간 자신들이 적절한 위치에 올라 있는 것을 알게 되면, 그들은 자신의 회사가 수입한 일본산 자동차로 행정용 자동차를 교체할 것입니다. 앤티가에서 전신주는 일반적인 전신주가 그렇듯이 전선과 전화선을 지탱하고 있습니다. 뿐만 아니라 더 무거운 유선 텔레비전용 케이블도 지탱하고 있습니다. 전기와 전화 서비스는 정부의 소관입니다. 케이블 텔레비전 서비스는 총리의 아들이자 장관인 자의 소유입니다. 전신주는 낡고 부식하게 되고, 전선과 케이블의 무게 때문에 축 늘어지다 결국 넘어집니다. 그것들이 넘어지면 정부는 새로운 전신주로 교체하지만, 케이블 텔레비전 영업권을 가진 소유주는 아무런 비용도 부담하지 않습니다. 정부의 몇몇 관료들은 개인 소유의 사업을 시작하고, 이 사업의 주 고객은 다름 아닌 정부당국입니다. 게다가 정부는 이 업체가 판매하는 상품에 대한 수입 권한이 이 회사에게만 있음을 공표합니다. 그리고 이 업체의 실제 소유주가 누구인지를 숨기려는 많은 노력이 이어집니다. 총리와 가까운 사람들이 앤티가에서 가장 큰 매춘업소 중 하나를 공공연하게 운영하고 있습니다. 몇몇 역외은행[24]들은 나쁜 사람들이 마약을 판매하거나 또 다른 나쁜 방법으로, 비록 앤티가에서 거액의 돈을 버는 모든 방법이 다 나쁜 방법이라는 말이 사실이지만, 벌어들인 돈을 숨겨주는 데 가장 앞장서고 있습니다. 어떤 장관이 마약 밀매에 연루되어 있다는 것은 공공연한 사실입니다. 이 장관과 또 다른 장관은 역외은행에 있는 자신들의 부당한 예금으로부터 이익을 얻고 있습니다. (이런 역외은행은 카리브 지역에서 인기가 높습니다. 관광 사업이 더 중요해질 뿐입니다. 카리브 지역의 모든 정부들이 스위스에 있는 은행을 모델로 한 이런 은행을 설립하고자 합니다. 내게는 얼마 전 스위스에서 돌아온 친구 한 명이 있습니다. 그곳에서 그녀는 얼마나 좋은 시간을 보냈겠습니까. 그녀는 세상 어디에서도 그렇게 깨끗한 거리를 보지 못했으며, 어디에서도 그렇게 훌륭한 사람들을 만나지 못했습니다. 그녀는 스위스 사람들과 그들이 누리는 훌륭

---

24) offshore bank. 스위스 은행처럼 비거주인에게 조세와 외환관리 등의 우대를 해 주는 은행을 말한다.

한 삶에 열광하고 있었습니다. 나는 그들이 누리는 이 고급스런 삶에 대해 그들은 어떤 대가를 치러야 할까 하는 생각을 어렵지 않게 떠올렸습니다. 왜냐하면 나는 세상 어딘가에 있는 어떤 독재자 또는 어떤 폭군이 자국의 국고를 훔치거나 외국 원조를 빼돌려 스위스 은행의 개인 비밀 계좌에 넣어 두었다는 이야기를 듣지 않고서는 단 하루도 그냥 지나치지 못했기 때문이며, 스위스 은행의 비밀 계좌를 가진 범죄 조직의 우두머리, 즉 어떤 투자자에 대한 이야기를 듣지 않은 날이 하루도 없었기 때문입니다. 하지만 스위스 사람들이 누리는 훌륭한 삶과 스위스 은행의 비밀금고 속에 숨겨져 있는 불법 자금은 어쩌면 아무런 연관이 없으며, 그것은 단순히 우연의 일치일 수 있습니다. 스위스 사람들은 금융 시스템과 고급 시계 제작으로 유명합니다. 스위스는 중립국이고, 돈도 중립적인 물품이며, 시간 역시 중립적인 것입니다. 이것들은 이도 저도 아닐 수 있으며, 이도 저도 될 수 있기 때문입니다.) 호텔에 있는 몇몇 카지노 도박장은 미국 출신의 폭력배들이 관리하고 있습니다. 그들은 자신들에게 경영권을 허가해준 정부의 누군가에게 대가를 지불합니다. 만약 사람들 – 앤티가 사람들 – 이 이런 카지노 경영으로부터 혜택을 받는다면, 카지노에서 몇 사람에게만 제공하는 계절제 고용을 제외하고 그들은 어떤 것도 기대할 수 없습니다. 왜냐하면 결국 정부의 모든 행정이 부패해 있기 때문입니다. (관광사업과 철저하게 연결되어 있는 도박은 이곳 카리브 지역에서 인기 있는 또 하나의 사업입니다. 카리브 지역의 모든 국가는 카지노 도박장이 있는 호텔을 원하는 것 같습니다. 카지노 도박장에서 시간을 보낼 생각을 하지 않고 카리브 지역을 방문하는 사람은 아무도 없는 것 같습니다. 언젠가 나는 문맹에 가까운 것 같은 한 남자가 몬트세라트 섬에 카지노 도박장을 여는 데 반대하는 사람들, 주로 성직자들에 대해 질타하는 라디오 몬트세라트 방송을 들었습니다. 그는 앤티가 사람들이 굶주림에 처해 있을 때, 그들은 음식을 얻기 위해 교회나 카지노 개장을 반대했던 사람들에게 눈을 돌리지 않고 정부를 바라보게 되며, 그 때문에 그는 그들을 먹여 살릴 수 있는 방법을 찾아야만 했다고 말했습니다. 만약 누군가가 카리브 지역에서 호텔 카지노를 운영하는 것은, 정작 그가 염두에 두고 있는 국민을 제외한, 그것과 관련된 모든 사람들을 풍족하게 먹여 살릴 수 있을 것 같다고 말했다면, 그는 더 이상 말을 잇지 못 했을 것입니다. 나는 [그가 누구인지] 모릅니다. 프로그램 말미에서 아나운서는 이 남자가 몬트세라트 지역의 고위 관료임을 확인해 주었습니다.) 앤티가 정부는 앤티가에서 어떤 특별한 무기를 실험할 수 있도록 허가해 주었으며, 앤티가 정부가 잘 알고 있는 그 무기는 배에 실려 남아프리카공화국으로 보내졌습니다. 정부는 방사능에 오염된 것으로 알려진 육류가 앤티가에서 유통될 수 있도록 허가하였습니다. 앤티가의 한 유서 깊은 가문의 식료품 수입상은 정기적으로 정부에 돈을 빌려주고 있습니다. 어떻게 작은 섬의 식료품 수입상이 정부에 빌려줄 수 있을 만큼 많은 돈이 있을까요? 시리아와 레바논 국적의 사람들은 정기적으로 앤티가 정부에 돈을 빌려줍니다. 시리아와 레바논 국적의 사람들은 앤티가 섬의 많은 토지를 소유하고 있으며, 그들은 자신들이 소유하고 있는 시골의 대지 위에 콘도미니엄을 건축합니다. 그리고 그것들을 북아메리카나 유럽인들에게 (미국 달러로 값을 매겨) 매매합니다. (공동주택 양식의 콘도미니엄은 어떤 기후 조건, 특히 작고 뜨거운 지역에서는 보기 흉합니다. 콘크리트 상자 같은 이런 건축물들이 마치 통조림 제품들이 가게의 비좁은 진열대에 다닥다닥 쌓여 있는 것처럼, 서로 다른 세 가지 색조를 띠는 푸른 바닷물이 환히 보이는 탁 트인 바다를 가린 채 서 있다고 생각해 보십시오. 콘도미니엄이 그 주변의 모든 것의 격을 떨어뜨린다는 것은 분명한 사실입니다.) 시리아와 레바논 국적의 사람들은 앤티가에 많은 상업용 자산을 갖고 있습니다. 그들이 커다란 콘크리트 건물을 지으면, 앤티가 정부는 그들에게서 이런 건축물을 모두 임대합니다. 왜 앤티가 정부는 국가 소유의 정부청사를 지을 수 없을까요? 이런 대여를 통해 정부에 주어지는 진짜 이권은 무엇일까요? 이런 대여는 정부와 체결 하였을까요? 아니면 정부의 누군가와 체결하고 비용은 정부가 부담하는 걸까요? 시리아와 레바논 국적의 건물주에게 치러지는 실제 임대비용은 얼마일까요? 왜냐하면 그것이 상당히 높은 가격일지라도 아무도 언급된 그 액수를 믿고 있지 않기 때문입니다. 임대한 공간에 대해 지금까지 지불한 비용은 그 건물(마켓 스트리트의 도서관)을 몇 차례 구입할 수 있었기 때문입니다. 앤티가의 전화번호부에는 시리아와 레바논 사람들의 영업점 주소와 전화번호가 다른 어떤 이름 목록보다 많습니다. 시리아 주재 앤티가 대사는 시리아의 한 가문 출신입니다. 이것은 이치에 맞는 일입니다. 그는 시리아 말을 할 수 있습니다. 하지만 왜 앤티가 정부는 시리아에 주재하는 대사가 필요할까요? 시리아와 레바논 사람들은 그들 대부분이 앤티가 시민권을 획득했음에도 불구하고 "저 외국인들"이라고 불립니다. 북아메리카와 유럽인들은 외국인이 아닙니다. 그들은 백인입니다. 모두가 백인에게는 익숙합니다. 시리아와 레바논 사람들은 "백인"이 아닙니다. 그들은 앤티가에 어떤 문화시설도 세우지 않았습니다 - 심지어 레스토랑 하나 없습니다. 시리아와 레바논 사람들은 마치 자신들이 언제라도 떠날 것을 요청받을 수 있다는 것을 알고 있는 것 같습니다. 어쩌면 그들 생각이 맞을 수 있습니다. 왜냐하면 만사가 어떻게 될지 누가 알겠습니까? 한 칼립소 가수의 누이의 시신이 목이 잘린 채 미군 기지가 있는 섬 근처에서 발견되었습니다. 오늘날까지도 이 살인사건 때문에 고발된 사람은 아무도 없었습니다. 한 유럽 여성이 프리맨스 빌리지에 있는 그녀의 외딴 집에서 살해된 채 발견되었습니다. 누구도 이 살인사건과 관련하여 고발되지 않았습니다. 정부의 금융 비리에 대한 증거를 수집하던 한 남자 공무원이 자신의 집에서 물을 마시기 위해 냉장고 문을 열다 감전사하였습니다. 부엌에 들어오다 아버지의 몸이 냉장고에 달라붙어 있는 것을 발견한 아들이 아버지의 몸을 잡아 떼다 아들도 감전사하였습니다. 아버지와 아들의 장례식이 함께 치러졌으며, 앤티가의 모든 사람들이 실제 조문객으로 참석하거나 조문객에 대한 감시자로 참석하였습니다. 오늘날까지도 문을 여는 사람이 감전되도록 설정되지 않았다면, 어떻게 평범한 냉장고가 문을 여는 사람을 감전시킬 수 있었는지 아무도 이해하지 못합니다. 카니발 시즌으로 이어지는 몇 개월 전에, 매우 점잔빼는 총독은 남편보다 더 점잔빼는 아내와 함께, 또는 슈퍼마켓에서 직접 장을 보는 아내가 있는 매우 평범한 류의 남자와 함께 영국에 갑니다. 그가 살고 있는 집, 즉 총독 관저는 카니발 행사가 열리는 운동장 바로 건너편에 있으며, 그는 그 소리를 참을 수 없어 영국에 갑니다. 총독이 해외에 있을 때 총리는 다른 사람을 총독 직무대행으로 임명합니다. 일반적으로 직무대행은 총리가 속한 당과 관계있는 사람입니다. 어느 해 오후 한 총독 직무대행이 시리아 국적을 가진 사람의 수영장에서 수영을 하던 중 사망하였습니다. 이 남자와 시리아 국적의 사람은 매우 가까운 친구였습니다. 그는 그들이 경영하는 일본 자동차 수입회사의 주주였습니다. 정부 계획에 그들을 처음으로 끌어들인 사람이 바로 이 남자였습니다. 그는 이 시리아 사람의 수영장에서 수영을 하던 중 사망하였습니다. 시리아 국적의 사람들은 일련의 주거침입과 강도로 인해 고통스러웠기 때문에, 만약 누군가 침입하면 감전될 수 있도록 집에 전류가 흐르는 철조망을 설치하였습니다. 그들은 수영장과 수영장 주변으로 이어지는 철조망의 전선 스위치를 끄는 것을 잊어버렸고, 그 때문에 총독 직무대행이 감전 되었습니다. 관에 누워있는 그는 마치 몸 안에서부터 타버린 듯 까맣게 보였습니다. 그의 장례식은 사실 큰 구경거리였으며 앤티가에서 그런 광경을 본 적은 없었습니다. 두 달 후 그의 뒤를 이어 총독 직무대행을 맡은 두 번째 남자는 이 장례식에서 메스꺼움을 느꼈습니다. 그는 토할 것 같다고 말했습니다. 그는 구토를 하였습니다. 그는 차를 타고 집으로 온 후 호전되었습니다. 또 다른 거물의 장례식에 참석하는 동안 그는 현기증을 느꼈습니다. 그는 구토를 하였습니다. 장례식에 통상적인 조문객으로 참석한 의사들이 그를 살펴본 후 특별히 안 좋은 곳은 없다고 말하면서, 확실하게 하기 위해 병원에서 검사 받을 것을 권하였습니다. (앤티가의 병원은 매우 지저분하고 매우 낡았기 때문에 세계에서 가장 훌륭한 의사와 간호사가 근무한다 하더라도, 세계 다른 지역 – 유럽이나 북아메리카 – 에서 온 사람은 그곳에 집에서 기르는 동물 한 마리도 맡기고 싶은 생각이 들지 않을 것입니다.) 의사는 그에게 특별히 이상이 있는 곳은 없다고 말하면서 확실하게 하기 위해서 그리고 안전하게 하기 위해서 집중 치료실에 입원시켰습니다. 집중 치료실은 그 병원에서 환자에게 확신을 줄 수 있는 유일한 곳이었으며, 그와 같은 저명한 인사에게 그 병원이 할 수 있는 유일한 방안이었습니다. 친구들이 병원에 입원한 그를 방문했습니다. 그는 농담을 했고 친구들은 웃었습니다. 그들은 "내일 보세"라고 인사하고 병실을 떠났습니다. 그는 사망했습니다. 친구들은 그가 평소처럼 보였기 때문에 매우 놀랐습니다. 원인은 심장이었습니다. 그의 심장에 문제가 있었습니다. 그는 독살 당했습니다. 어떻게 사람의 심장이 사람을 토하게 하고 입에 거품을 물게 하고 혼수상태로 쓰러졌다 소생해서 전과 같은 과정을 반복하게 할 수 있을까요? 두 차례, 그가 장례식에서 메스꺼움을 느낀 것은 두 차례였으며, 원인은 그가 먹은 무언가가 분명했습니다. 브래들리 캐럿(두 달 후 총독 직무대행을 맡은 세 번째 사람의 이름)은 주위를 살펴보고 있습니다. 정부의 모든 장관들은 치료를 받기 위해 해외로 갑니다. 그들 중 어느 누구도 이곳에 있는 병원에 가지 않을 것입니다.

프랑스 정부가 산업 개발을 위해 앤티가 정부에 원조한 1,100만 달러가 흔적도 없이 사라져버렸습니다. 한 고위 관료는 특별한 종류의 공장 건설을 승인해주고 뇌물로 수백만 달러를 받았습니다. 앤티가 대기 속에 떠다니는 소금 성분은 공장을 쉽게 부식시켰습니다. 앤티가의 모든 방송 채널은 정부나 정부 각료들이 소유하고 있습니다. 야당은 공공연히 비난당하거나 그들이 공산주의라거나 피델 카스트로[25]나 무아마르 카다피[26]로부터 자금을 받았다는 뉴스 외에는 방송에서 언급되지 않았습니다. 앤티가 정부는 정유회사를 세울 예정이었습니다. 그 회사는 웨스트 인디스 오

---

25) Fidel Castro(1926. 8. 13. ~)는 쿠바의 혁명지도자로서 1959~76까지 총리를 지내고 이후 국가평의회 의장을 지내다 2008년 사임했다. 카스트로는 쿠바에 대해 정치적·경제적으로 영향력을 행사하는 미국과 이에 동조하는 폴헤시오 바티스타 정권에 대항하는 민족주의 성향을 보였지만, 집권 후 일당 독재자로 전락한다. 카스트로는 쿠바혁명을 통해 정권을 잡은 후 1965년 쿠바 공산당 제1비서가 되어 쿠바를 일당 사회주의 국가로 만들었다. 2006년 자신의 직위를 동생 라울 카스트로(Raúl Castro)에게 이양하였으며, 라울은 2008년에 쿠바 대통령으로 선출되었다. 하지만 피델 카스트로는 이후에도 공산당 제1비서직을 유지하다 2011년 4월 20일에 마침내 이 직마저 사임했다. 그는 세계에서 가장 장기 집권한 지도자로 기네스북에 올랐다.

26) Muammar Qaddafi(1942. 6. 7. ~)는 리비아의 군인 출신의 정치인이다. 1969년 국왕이 순방 중인 틈을 타 쿠데타에 성공하여 정권을 잡았다. 1970~72년 리비아의 총리 겸 국방장관이었으며, 현재 리비아의 국가수반 겸 국가평의회 의장을 지내고 있다. 그는 현재 전 세계에서 가장 오랫동안 집권하고 있다.

일이라고 불릴 것입니다. 정부는 정유되기 전의 원유를 보관할 탱크와 정유 된 후의 정제유를 보관할 커다란 탱크를 건축하였습니다. 그들은 커다란 유조선들이 기름을 선적하고 하역할 수 있도록 먼 바다에 플랫폼을 건설하였습니다. 정부는 정유회사를 건설하였습니다. 하지만 뭔가 잘못되어 갔습니다. 정유공장이 녹슬고 있습니다. 기름 탱크가 녹슬고 있습니다. 플랫폼이 녹슬고 있습니다. 극동 지역에서 비리를 저질렀던 그 외국인이 이 사업에 연루되어 있었습니다. 그는 녹슬지 않았습니다. 그는 매우 부유하며 앤티가 정부가 발행한 외교관 여권으로 세계를 돌아다니고 있습니다. 그는 더 많은 계획을 가지고 있습니다. 그는 앤티가 사람들을 위해 박물관과 도서관을 짓기 원합니다. 바부다에서 노예무역을 하던 가족(콘드링톤 집안)에 대한 서류와 인간 상품에 대한 그들의 매매 기록들이 경매에 올랐습니다. 앤티가 정부는 그 경매에 입찰하였습니다. 누군가가 더 높은 가격으로 입찰하였습니다. 그는 외국인이었습니다. 그의 입찰가가 낙찰되었습니다. 그런 다음 그는 이 서류들을 앤티가 사람들에게 선물하였습니다. 그렇다면 그건 무슨 의미일까요? 일련의 적들에 대한 기록들이 또 다른 적에 의해 구입되어 그들의 희생자였던 사람들에게 선물로 주어졌습니다. 국정에 참여했던 사람들이 늘 그렇게 큰 도둑들은 아니었으며, 늘 그렇게 부패하지도 않았습니다. 그들이 재물을 챙겼지만 그것은 적은 규모였습니다. 예를 들어 정부에서 주민들에게 공급할 새로운 주택단지를 건설할 때면, 장관 한 두 명은 자신의 몫으로 집 몇 채를 챙기곤 하였습니다. 그런 다음 그들은 그 집을 즉시 팔거나 세를 놓았습니다. 모두가 이 사실을 알고 있었습니다. 몇몇 장관들은 정직했습니다. 그들 중 한 사람, 즉 앤티가에서 유명한 사람이며 노동조합을 이끌었던 사람은 심지어 구호대상자로 생을 마쳤습니다. 또 다른 장관은 그가 속한 정당이 권력을 잃게 된 후 택시를 운전할 수밖에 없었습니다. 다른 장관들에게 교훈을 심어준 당사자가 바로 이 사람, 즉 택시를 운전하는 전직 장관입니다. 만약 사람들이 그들에게 "왜 당신들은 모두 그런 도둑이 되었나요?"라고 물으면, 그들은 "당신은 내가 이 직위에서 물러나면, 가서 택시나 운전하기 바라나요."라고 대답할 것입니다. 장관들은 모두 "그린카드" – 그들이 합법적으로 미국에서 거주할 수 있음을 보증하는 서류를 가지고 있습니다. 앤티가 섬의 통치자이자 앤티가 시민인 장관들은 그들이 빈번히 방문했던 곳인 미국의 합법적인 거주자들 입니다.

그리고 그들은 이런 것들을 이상한 목소리 – 순진과 기교 그리고 광기를 띤 목소리 – 로 말합니다. 그들은 이런, 저런 부패의 기념비 앞에서 숨을 들이마시기 위해 멈춰 서서, 마치 관광 가이드처럼 또는 관광 이벤트에 대해 꾸준히 관찰해 온 사람처럼, 그것을 철저히 관찰하여 자신의 일상적인 삶의 타락과 수치를 관광거리로 만들어 왔습니다.

1939년 앤티가에서의 한 사건이 앤티가 노동조합을 설립하는 토대가 되었습니다. 이 조직의 목표는 앤티가 노동자들이 보다 나은 임금과 근로환경을 획득함으로써 전반적인 삶의 질을 향상시키는 데 있었습니다. 이 조직은 마침내 노동조합 결성과 더불어 정치정당으로 발전하였습니다. 이 조직은 선거권을 요구하고, 앤티가의 토지가 영국인들(그들 대부분은 여전히 영국에 거주하면서 앤티가에는 눈길조차 주지 않는 사람들)의 기업연합이 아닌 앤티가 사람들이 소유할 수 있기를 요구하고, 앤티가인들에 의한 앤티가 통치를 요구하였습니다. 이 노동조합의 위원장이 처음 앤티가가 영국으로부터 독립하였을 때에는 수상으로서, 앤티가가 자치정부의 형태를 갖춘 30년 중 25년 동안은 총리로서 앤티가 정부의 수반이 되었던 사건이 있었습니다. 앤티가 사람들이 이 사람을 볼 때면, 해방자이자 미국 초대 대통령이었던 조지 워싱턴 사건을 떠올립니다. 앤티가 사람들이 이 사람을 볼 때면, 재키 프레서 사건을 떠올립니다. 그는 미국 팀스터 노동조합[27]의 위원장이었으

27) Teamster Union. 1899년에 창립된 미국 트럭 운전자 조합으로서 미국 최대의 노동조합이지만 지도부의 부패로 한때 미국노동총연맹에서 제명되기도 했다.

며, 지금은 조합기금을 횡령한 혐의로 교도소에서 복역 중입니다. 앤티가에는 단지 5년 동안 다른 총리가 집권하였습니다. 그는 그 직위에 다시 출마하였지만 재 선출되지 못했습니다. 이 사람 때문에 연속 통치가 잠시 중단 되었던 총리는 그에게 사적인 이익을 목적으로 직권을 남용한 책임을 물어 8개월 동안 감옥에 가두었습니다. 선거 패배와 함께 수감생활로 정치 경력이 끝나버린 총리 사건은 슬픈 일입니다. 왜냐하면 앤티가 사람들은 그가 낡고 침체되고 부패한 정부를 정직하고 활기차고 번창하는 정부로 바꿀 것으로 희망하였습니다. 하지만 기대와 달리 설탕 산업은 파산하였고, 관광객은 찾아오지 않았으며, 그가 많은 공공자금을 사취한 것으로 간주되어 공공건설부는 해체되었으며, 내각의 일원이었던 이복동생은 타고 가던 비행기 안에서 여승무원에게 침을 뱉은 사건이 있었습니다.

앤티가의 다른 총리가 저지른 부패 사건은 또 다른 사건으로 거슬러 올라갑니다. 이 총리는 젊었을 때 앤티가에서 가장 매출이 많은 제빵업자 중 한 사람이면서 수입업에 종사하는 한 상인에게 고용되었습니다. 그는 회계원으로 일했으며, 젊은 회계원으로서 경력에 걸맞은 급여를 받고 있었습니다. 하지만 수입상은 이 젊은 회계원이 신형 자동차를 소유하고 있으며 전반적으로 부유해졌음에 주목하였습니다. 1930년대 앤티가에서는 극소수만이 자동차를 소유하였고 전반적인 부를 누렸기 때문에 수입상은 회계장부를 보여줄 것을 요구하였습니다. 회계장부에 어떤 문제가 있건, 이 젊은이는 수입상이 그것을 보는 것을 원치 않았습니다. 왜냐하면 그는 회계장부를 들고 빵가게로 뛰어가, 믿기지 않을 만큼 긴 두 팔을 이용하여 화덕 속으로 던져버렸고, 그것은 곧바로 사라져버려 사람의 눈으로는 결코 다시 볼 수 없게 되었기 때문입니다. 그래서 사람들은 수입상의 불타버린 회계장부 사건과 앤티가 노동조합[28]의 정직한 초기 지도자들이 자신들이 설립한 조합에서 교묘히 쫓겨난 대신 부정직한 사람들이 그 지위를 차지한 사건과 결부시켰습니다. 사람들은 그 회계장부 사건을 일종의 식민주의에 의한 타락, 식민주의에 의한 퇴보, 그리고 식민주의가 안고 있는 부패와 결부시켰습니다. 뿐만 아니라, 때때로 좋은 사람처럼 보였기 때문에 평범한 앤티가 사람들의 힘든 처지를 잘 이해할 것으로 간주됐던 사람, 즉 그 총리와 결부시켰습니다. 사람들은 이 모든 사건들을 또 다른 사건과 결부시킵니다. 즉 앤티가에서 어떤 사람이 사업을 시작할 때, 그는 자신의 이름과 그 뒤에 **가업(& SON)**이라는 말을 덧붙여 자신이 시작할 업종을 알리는 간판

28) Antigua Trades and Labour Union. 1939년에 설립된 앤티가 바부다의 전국 규모의 노동조합으로서 앤티가 노동당(Antigua Labour Party)의 모태가 되었다.

을 달게 됩니다. 간판은 **데이비드 A. 드류네 가업, 고급 가구 제작 및 목수**(DAVID A. DREW & SON, CABINETMAKER AND CARPENTER)와 같은 방식으로 표기될 것입니다. 앤티가에서 사람들은 25년 동안 정부 수반으로 지냈던 이 사람이 어쩌면 지금쯤 앤티가를 통치하는 일이 자신의 가업이라고 생각할 것이라고 합니다. 왜냐하면 그의 아들들 중 두 명이 내각에서 총리직 다음의 가장 중요한 직책을 맡고 있기 때문입니다. 그들은 재무부와 관광부 그리고 공공건설부 - 이곳은 가장 많은 자금이 유통되는 정부부서들 - 의 책임을 맡고 있습니다. 그래서 사람들은 그 아버지와 아들들을 보고서, 다음 차례는 누굴까?라고 말합니다. 왜냐하면 그토록 오랫동안 정권을 휘둘러온 집안이 그것을 쉽게 포기하지 않을 것이며, 비록 자신들이 투표에서 졌다는 것을 안다 해도 정권을 포기하지 않을 것이며, 자신들이 투표에서 지도록 내버려 두지도 않을 것이기 때문에, 어떤 투표도 허용하지 않을 것이라고 말합니다. 그들은 미국이 그레나다 섬을 침공[29]할 때 보여

29) 카리브 해의 윈드워드 제도(Windward Islands)의 최남단에 위치한 그레나다는 본 섬과 부속 도서로 이루어진 작은 섬나라이다. 1974년 영국으로부터 독립한 그레나다는 M. 게어리 총리에 의해 통치되다, 모리스 비숍에 의해 전복된다. 혁명에 성공한 모리스 비숍은 마르크스주의자였으며 쿠바와도 우호적인 관계를 가지려 노력했음에도 불구하고 소련과 쿠바의 지원을 받은 군부에 의해 살해된다. 이틀 후 10월 25일에 미국은 그레나다의 공산화를 막는다는 명분 하에 2천 여 명의 해병대를 이끌고 그레나다를 공격하였다.

주었던 것처럼 주위에 장식으로 서 있을 뿐인 그런 종류의 군대, 당시 합법적인 방법으로 불법적인 일만 할 수 있는 군대가 앤티가에 존재한다는 사실에 주목하였습니다. 그리고 이 군대가 전쟁에서 실제로 싸울 수 없고, 전쟁에서 실제로 싸우도록 훈련받지 않았다 – 어째든 앤티가는 적이 없었습니다 – 하더라도, 이 군대에 소속된 병사들은 사람들을 향해 총을 쏠 수 있었습니다. 그렇다면 그들이 전쟁에서 싸울 수 없었음에도 불구하고 사람들에게 총을 쏠 수 있었다면, 어떤 사람들을 향해 총을 쐈을까요? 그래서 사람들은 수년 동안 앤티가에서 권력을 휘두르다, 그 권력을 양도하고 뉴욕에 머무르면서, 자신들의 수많은 은행계좌에 숨겨둔 돈이나 소비하며 지낼 수는 없다는 것을 확실하게 알아버린, 이 아버지와 두 아들을 아이티의 뒤발리에[30] 일가 사건과 결부시킵니다. 사람들 말에 따르면 아버지는 늙고 허약해져서 건강을 유지하기 위해

30) François Duvalier. 파파 독(Papa Doc, Daddy Doctor)으로 알려진 아이티의 의사 출신의 대통령이다. 1947~50년에 보건부장관과 노동부장관을 역임하면서 국민을 위해 봉사함으로써 국민의 지지를 받았지만, 1957년 대통령이 되면서 점차 독재자로 전락해 오늘날까지 최악의 독재자 중 한 사람으로 알려져 있다. 그는 부두교(Voodoo)를 이용하여 자신을 신성화 하였을 뿐만 아니라, 미국의 경제 원조를 자신의 가족과 부하들이 착복하였으며, 국영기업과 세금을 자신의 사재(私財)로 만들었다. 이 과정에서 뇌물수수가 횡횡하게 되었으며, 국가 경제는 침체되고 국민은 빈곤에 허덕이게 되었다. 그는 '통통 마쿠트'(Tonton Macoute)라는 비밀경찰을 만들어 야당뿐만 아니라 지식인이나 기술자 등 사회적 요인을 감시 통제하였을 뿐만 아니라 체포하여 처형함으로써 국민을 공포에 떨게 하였다.

매일 힘을 나게 하는 주사를 맞는다고 합니다. 그리고 사람들은 두 아들 중 한 명을 가리켜, 그는 베이비 독[31]을 생각나게 하며 가난으로 고생하는 나라에서 그가 누렸던 부유하고 풍족한 생활을 상기시킨다고 말했습니다. 그리고 또 다른 아들을 가리켜 파파 독을 생각나게 한다고 말했습니다. 왜냐하면 그는 무자비한 인물이었으며, 어떤 것도 두려워하지 않으며, 공공건설 프로젝트 중 엄청난 자금이 사라진데 대해 비록 충분한 해명을 하지 못하더라도 결코 자신의 직위를 사임할 인물은 아니었기 때문입니다. 하지만 그들과 관련된 사건의 전망을 이야기하던 앤티가 사람들은 그런 일[아이티의 뒤발리에가 아들 장클로드에게 권력을 이양한 것과 같은 일]은 일어나지 않을 것이라고 말합니다. 왜냐하면 풍족함과 즐거움을 좋아했던 베이비 독 같은 아들, 베이비 독처럼 풍족함과 즐거움을 정말로 좋아했던 그는 결코 진정한 지도자가 될 수 없기 때문입니다. 그리고 다른 아들, 파파 독 같은 아들은 백혈병 또는 다른 지독한 혈액병으로 죽어가고 있어서 매달 치료를 위해 뉴욕으로 가야만 했기 때문입니다. 그 결과 사람들은 또 다른 사건, 즉 그레나다의 모리스 비숍[32]의 사건을 생각합니다. 사

---

31) Baby Doc. 장클로드 뒤발리에(Jean-Claude Duvalier)의 별명. 1971년 아버지 프랑수와 뒤발리에(Francois Duvalier)가 사망한 후 권력을 승계하여 아이티를 통치하다 1986년 민중봉기로 권좌에서 물러났다.

32) Maurice Bishop. 그레나다의 총리. 런던에서 경제학을 공부하고 흑인 운동을

람들은 앤티가에도 그런 사람이 나타날 것이라고 생각합니다. 그는 모리스 비숍과 같은 일을 할 것이고, 모리스 비숍과 같은 것을 말하고, 모리스 비숍과 같은 종말-다만 이번에는 미국인들의 손에 의한 죽음-을 맞이할 것이라고 사람들은 생각합니다.

통해 많은 경험을 쌓은 뒤 그레나다에 돌아와 정치가로 활동을 시작한 후, 1979년 그레나다 혁명을 통해 총리에 올랐다. 하지만 소련과 쿠바의 지원을 받은 군부에 의해 살해된다.

A Small Place

04

앤티가는 아름다운 곳입니다. 앤티가는 정말 아름다운 곳입니다. 때때로 그곳의 아름다움은 실재하지 않는 것처럼 보입니다. 때때로 그곳의 아름다움은 마치 연극을 위한 무대장치처럼 보입니다. 왜냐하면 진짜 석양은 그처럼 보일 수 없기 때문입니다. 진짜 바닷물은 그처럼 다양한 푸른 색조를 동시에 발산할 수 없기 때문입니다. 진짜 하늘은 그 같은 푸른 색조 – 바다 속에서 볼 수 있는 푸른 색조와는 완전히 다른 또 다른 종류의 푸른 색조 – 를 띨 수 없기 때문입니다. 그리고 진짜 구름은 푸른 하늘에서 그렇게 하얄 수 없으며, 그렇게 멋지게 떠다닐 수 없기 때문입니다. 진짜 한낮은 모든 것을 투명하고 환하게 비출 수 있는 그 같은 태양이 뜰 수 없으며, 그렇게 화창할 수 없기 때문입니다.

그리고 진짜 밤은 모든 것의 끝을 알 수 없을 정도로 깊고 짙은 그 같은 어둠이 내릴 수 없기 때문입니다. 진짜 밤과 낮은 그렇게 똑같이－밤 열두 시간과 낮 열두 시간으로－나뉠 수 없습니다. 진짜 낮은 그렇게 드라마틱하게 시작해서 또 그렇게 드라마틱하게 끝날 수 없습니다(앤티가에는 새벽녘이 존재하지 않습니다. 한 순간 당신은 밤의 완벽한 어둠 속에 있다가, 그 다음 순간 태양이 머리 위에 떠서 수평선에서 폭발하듯 붉게 질 때까지 [밝음 속에] 머무릅니다. 그런 다음 다시 밤의 어둠이 찾아옵니다. 그것은 마치 한 순간에 당신을 안으로 쏙 집어넣을 수 있는 뚜껑달린 상자 같습니다). 실재하는 어떤 해변의 진짜 백사장도 그처럼 부드럽고 (어떤 곳에서 볼 수 있는 것처럼) 그처럼 하얗고 (다른 곳에서 볼 수 있는 것처럼) 그처럼 분홍빛을 낼 수 없습니다. 진짜 꽃들이 그처럼 붉은색이거나 보라색, 노란색이거나 오렌지색, 그리고 푸른색이거나 흰 색조를 띨 수 없습니다. 진짜 백합은 밤에만 꽃을 개화하지 않으며, 당신이 약간 메스꺼워 할 정도로 진하고 달콤한 향기를 풍기지 않습니다. 진짜 흙은 저렇게 갈색 빛을 띠지 않습니다. 진짜 초원은 (충분하지 않은 비 때문에) 시들고 생기를 잃은 채 저렇게 이상한 연두 빛을 띠지 않습니다. 진짜 젖소는 마치 실재하지 않는 목초지에서 실재하지 않는 목초를 먹고 자란 것처럼 저렇게 빈약하게 보이지 않습니다. 그리고 진짜 젖소는 실재하지 않는 하얀 해오라기가 등 위에서 벌레를 잡아먹으며 앉아 있는 것처럼 저렇게 불쌍해 보이지 않습니다. 진짜 비는 메마른 대지를 갈가리 찢어놓을 정도로 저렇게 강하게 내리지 않습니다. 어떤 진짜 시골 마을에도 테이블 힐 고든이라는 이름을 가진 마을은 없을 것이며, 그런 이름을 가진 진짜 마을이 가난함과 소박함 때문에 그처럼 아름다울 수도 없습니다. 단칸집들은 믿을 수 없을 정도의 분홍색과 노랑색 그리고 녹색으로 페인트칠 해져 있으며, 개는 그늘에서 낮잠을 자고, 파리 몇 마리가 개의 입가에서 잠이 드는 그런 마을은 없을 것입니다. 또한 토요일 아침 시장에서 볼 수 있는 다채로운 과일과 야채의 색상과, 사람들이 입고 있는 형형색색의 의상들, 태양이 내리쬐는 대기의 색상과, 가까운 바닷물의 다채로운 색상, 머리위로 손을 뻗으면 만질 수 있을 것처럼 가깝게 보이는 푸른 하늘의 색상들은 어디에도 없을 것입니다. 사람들이 시장에서 나누는 낯선 영어 말투(사람들은 엉터리 영어를 사용합니다), 사람들이 서로에게 화내는 방식, 사람들이 웃을 때 내는 소리, 이 모든 것들이 너무나 아름답습니다. 이 모든 것들은 그곳에 존재하는 다른 어떤 것처럼 실재 같지 않은 느낌입니다. 이 섬의 아름다움 - 바다와 대지, 하늘과 나무들, 시장과 사람들, 그리고 그들이 만들어내는 소리들의 아름다움 - 은 마치 감옥 같습니다. 섬 안에 있는 모든 것 또는 모든 사람들은 그 안에 갇혀 있는 듯 하며, 섬 밖에 있는 모든 것 또는 모든 사람들은 들어갈 수 없도록 잠겨 있는 것 같습니다. 그렇다면 매일 이런 방식으로 살아가는 평범한 사람들에게 대체 이 섬이 할 수 있는 것은 무엇일까요? 하루하루 그처럼 두드러지고 강렬한 환경 속에서 살아가는 그들에게 이 섬이 대체 무엇을 할 수 있을까요? 사람들은 이 믿을 수 없는 불변성과 비교할만한 어떤 것도 알지 못합니다. 그들이 현재 존재하는 방식과 그들이 과거에 존재했던 방식을 비교할만한 역사적으로 중요한 순간도 없습니다. 산업혁명이나 어떤 종류의 혁명도, 무슨 무슨 시대나 세계 전쟁도, 수십 년 간의 사회적 혼란에 이어지는 수십 년 간의 안정도 없습니다. 그곳 사람들의 성격에 영향을 끼칠만한 어떤 자연스런 또는 부자연스런 것도 없습니다. 그곳은 단지 작은 섬일 뿐입니다. 오늘날 이 섬이 믿을 수 없이 아름다운 이유는 과거 이 섬이 항상 아름다웠던 믿을 수 없는 이유이기도 합니다. 사람들이 자유로운 존재인 지금 이 섬이 믿을 수 없이 아름다운 이유는 과거 그들이 노예였을 때 이 섬이 아름다웠던 믿을 수 없는 이유이기도 합니다.

다시 말하지만 앤티가는 작은 공간, 즉 작은 섬입니다. 이곳은 9마일 곱하기 12마일의 넓이를 가진 곳입니다. 이곳은 1493년 크리스토퍼 콜럼버스가 발견하였습니다. 오래지 않아 아프리카에서 온 고귀하고 숭고한 인간들을 노예로 만든 유럽에서 온 인간쓰레기들이 이곳에 정착하였습니다(모든 유형의 노예 주인들은 쓰레기였으며, 모든 유형의 노예들은 고귀하고 숭고하였습니다. 이런 사실에 대해서는 의심의 여지가 없습니다). 그들은 부와 권력에 대한 자신들의 욕망을 채우기 위해 그리고 자신의 초라한 존재감을 떨쳐버리기 위해 이곳에 정착하였고, 그 결과 유럽인의 질병이라 할 수 있는 자신의 외로움과 공허감을 완화시킬 수 있었습니다. 마침내 어떤 의미에서 노예 주인들은 떠났습니다. 마침내 어떤 의미에서 노예들은 자유롭게 되었습니다. 오늘날 앤티가에 사는 사람들, 즉 스스로를 진정한 앤티가 사람이라고 생각하는 사람들(당신이 앤티가에 대해 생각할 때, 내 말은 만약 당신이 그것에 대해 생각해야만 한다면, 곧바로 당신의 머릿속에 떠오르는 앤티가 사람들)은 이런 고상하고 숭고한 사람들, 즉 노예들의 후손들입니다. 물론 가장 완전한 것은 일단 당신이 노예 주인이기를 그만두고 노예 주인으로서의 멍에를 던져버리면, 당신은 더 이상 인간쓰레기가 아니라 평범한 인간이 됩니다. 그리고 이 모든 것은 가장 완전한 것이 의미하는 바이기도 합니다. 그리고 노예들에게도 마찬가지입니다. 일단 그들이 더 이상 노예가 아니라 그들이 자유롭다면, 그들은 더 이상 고귀하고 숭고한 존재가 아닙니다. 그들은 평범한 인간입니다.

역자후기

이 글은 카리브 지역의 역사적 사실을 바탕으로 비교적 쉬운 어휘로 쓰였으며, 반복과 아이러니 그리고 시적 압축으로 이루어져 있다. 따라서 이 글을 충분히 이해하기 위해서는 카리브 지역의 식민사에 대한 인식이 필요하다. 비록 쉬운 어휘로 이루어졌지만 어떤 문장은 콜론과 세미콜론으로 길게 이어지기도 하고, 어떤 문장은 아주 짧은 단문으로 표현되어 있다. 콜론과 세미콜론으로 길어진 문장은 운문적 효과를 살리려는 의도이고, 짧은 단문은 저자/화자의 격앙된 감정을 드러내기 위한 의도로 보인다. 즉 아주 짧은 단문은 극도로 치달은 감정이 폭발하여 파편화 된 듯한 느낌이다. 저자의 의도를 살려 최대한 글의 묘를 살렸지만, 일부는 우리말의 문맥에 맞춰 끊거나 연결하여 번역하였다. 이 글의 내재적 독자는 유럽이나 북미의 관광객이며, 저자/화자가 의도하는 바는 이들에게 앤티가의 (식민)역사를 주지시키는 일이다. 따라서 원문에서는 '당신'(You)이라는 호칭이 자주 그리고 반복해서 사용되며, 이는 (내재적) 독자로 하여금 지속적으로 긴장하고 경계하게 하는 효과가 있다. 하지만 번역하는 과정에서 '당신'이란 말이 너무 자주 반복됨으로써 오히려 문맥이 매끄럽지 않은 점이 있어 일부는 생략하였다.

자메이카 킨케이드는 1949년 5월 25일 앤티가의 수도인 세인트 존스에서 태어났다. 그녀의 생부는 택시 운전수였으며, 그녀가 어렸을 때 그녀와 어머니를 떠나버렸다. 이런 생부에 대한 이야기는 그녀의 소설 『미스터 포터』(*Mr. Potter*, 2002)에서 찾아 볼 수 있다. 킨케이드의 어머니 애니 드류(Annie Drew)가 양아버지 데이비드 드류(David Drew)와 재혼하면서 킨케이드는 비로소 부모의 사랑을 듬뿍 받고 자라게 되었다. 부모의 큰 관심 속에 자라던 킨케이드는 3살 무렵 읽기를 배워 많은 독서를 하게 되며, 자라서는 앤티가 여자학교(Antiguan Girls School)와 프린세스 마가렛 학교(Princess Margaret School)에 다녔다. 하지만 그녀가 9살이 되던 1958년에 그녀의 첫 남동생 조셉(Joseph Drew)이 태어나자 부모님들의 사랑은 그녀에게서 남동생에게로 완전히 옮겨가게 되었다. 그동안 지극한 사랑을 받고 자라던 그녀에게 이러한 변화는 어린 나이에 감당하기에 너무나 큰 상실감으로 다가왔다. 그 결과 그녀는 어머니에 대해 부정적인 감정을 갖게 되며, 남녀차별에 따른 젠더 의식을 갖게 된다. 어머니와 딸의 이런 관계는 킨케이드의 대부분의 글 속에 주요 테마로 등장하고 있다.

1965년 17살이 된 킨케이드는 생활비와 궁극적으로 남동생들의 학비를 벌기 위해 미국에 있는 한 중산층 가정의 보모(au pair)가 되어 조국을 떠난다. 과거 한국 사회에서 젊은 여성들이 간호사가 되어 독일로 떠났던 것처럼 당시 앤티가의 젊은 여성들은 미국으로 건너가 야간 학교를 졸업하고 간호사가 되어 생활비를 버는 것이 가장 바람직한 것으로 간주되었다. 미국으로 이주한 킨케이드는 뉴욕의 화이트 플레인스에 있는 웨스트체스터 커뮤니티 칼리지(Westchester Community College)와 뉴햄프셔의 프란코니아에 있는 프란코니아 칼리지(Franconia College)에서 공부했다. 시각 예술에 관심이 많았던 그녀는 사진 수업을 받기도 했지만, 결국에는 『아트 디렉션』(*Art Direction*)이라는 잡지사에서 일하게 된다. 그녀의 미국에서의 초기 이주 생활은 그녀의 소설 『루시』(*Lucy*, 1990)에 잘 나타나 있다.

1973년 24살이 된 킨케이드는 가족과의 관계에 거리를 둠으로써 자유롭게 글을 쓰기 위해, 그리고 미국에서 자신의 새로운 정체성을 확립하기 위해 자신의 본명을 버리고 자메이카 킨케이드로 개명한다. 그녀의 이름 중 '자메이카'(Jamaica)는 콜럼버스가 '자이마카'(Xaymaca)라고 부른 자메이카 섬의 영어식 와전에서 온 것이며, '킨케이드'(Kincaid)는 영어권 국가들에서 아주 흔한 성(surname)이다. 결국 그녀의 개명은 미국으로 이주한 그녀가 확립하고자한 새로운 정체성을 의미할 뿐만 아니라, 과거 식민지 역사와 카리브지역에 기원한 그녀의 전통적 정체성과의 결합을 의미한다. 킨케이드의 개명 과정은 그녀의 여러 작품에서 정복과 식민 지배에 대한 중요한 테마로 재현되고 있다.

킨케이드의 소설 작품으로는 『강바닥에서』(*At the Bottom of the River*, 1983), 『애니 잔』(*Annie John*, 1985), 『루시』(*Lucy*, 1990), 『내 어머니의 자서전』(*The Autobiography of My Mother*, 1996), 『내 남동생』(*My Brother*, 1997), 그리고 『미스터 포터』(*Mr. Potter*, 2002)가 있으며, 그 밖에 『내가 좋아하는 식물』(*My Favorite Plant*, 1998)과 『내 정원』(*My Garden*, 1999) 등의 에세이가 있다. 그녀가 1988년에 집필한 『카리브해의 어느 작은 섬』(*A Small Place*)은 관광안내, 역사, 운문, 그리고 산문 양식의 독특한 스타일을 가진 글로서, 장르 구별에 있어서도 평자들 간 견해가 다르다.

자메카 킨케이드의 『카리브해의 어느 작은 섬』은 화자/킨케이드가 관광객, 즉 중산층 백인 남성 관광객으로 상정되는 '당신'에게 앤티가의 풍광을 소개하는 형식이다. 하지만 이 글은 단순히 앤티가의 풍광을 소개하는 데 그치지 않고 앤티가의 식민역사 그리고 부패한 앤티가 정부와 이에 대한 앤티가 국민들의 무기력한 의식수준을 비판하고 있다. 이 글은 크게 네 부분으로 나눌 수 있는데, 첫 부분은 전체 글의 도입부분으로 앤티가의 빼어난 풍광과 앤티가의 식민 역사를 연상케 하는 학교와 도서관에 대한 언급, 부패한 정부와, 정치적 살인음모를 암시하는 병원, 그리고 관광사업과 관련하여 미국과 유럽에 종속되어 있는 경제체제 등에 대한 독자의 관심을 환기시키고 있다.

> 맛있는 식사를 하기 위해 자리에 앉았을 때, 당신이 먹게 될 대부분의 것들이 마이애미 발 비행기에서 내려졌다는 사실을 모르는 것이 더 나을 것입니다. 그리고 마이애미에서 비행기에 실려지기 전에 그것들이 어디에서 왔는지 누가 알겠습니까? 한 가지 가능한 추측은 그것들이 처음에 앤티가 같은 곳에서 턱없이 싼 가격으로 재배된 후, 마이애미로 보내졌다 다시 되돌아온다는 것입니다. 여기에는 또 다른 무언가가 있지만, 지금 당장 파헤칠 수는 없습니다.

앤티가의 경제구조를 보면 대부분의 국민들이 농장에서 저임금의 농장 노동자로 일하고 있으며, 일부는 카지노가 있는 호텔에서 종업원으로 일하고 있다. 하지만 이들의 직업도 대부분 관광 철에만 주어지는 계절제 고용이다. 앤티가에서 재배된 농산물들은 미국으로 건너가 가공을 거친 후에 다시 앤티가로 역수입 된다. 이 과정에서 값이 크게 오르기 때문에 가난한 앤티가 사람들은 이런 식료품을 사먹지 못 하는 불합리한 상황에 처해 있다. 이렇듯 앤티가 경제구조가 미국이나 유럽에 상당부분 종속되어 있음을 보여준다.

이 글의 두 번째 부분은 화자/킨케이드의 유년시절에 대한 기억과, 과거 앤티가의 식민 역사를 보여주고 있다. 화자/킨케이드는 오늘날의 앤티가는 과거의 앤티가와는 다름을 지적하고 있다. 세월이 많이 흘렀기 때문에 과거의 앤티가는 존재하지 않으며, 영국인들이 더 이상 앤티가를 지배하고 있지 않기 때문에 과거와 같은 앤티가는 더 이상 존재하지 않는다. 하지만 여기에는 약간의 미심적은 부분이 있다. 즉 분명한 독립을 맞은 오늘날의 앤티가인들이 취하는 행동에서 파농이 말하는 정신적 독립을 찾아보기란 쉽지 않다. 정신적 독립이란 과거의 역사를 되물어, 식민자의 폭정과 피식민자의 과오를 밝혀 피식민자의 입장에서 이해하고 용서해야 가능한 것이다. 하지만 앤티가인들은 과거 식민주의 시대부터 자신들이 경험하고 있는 인종차별의 심각성에 대해서 알지 못 하고 있다.

> 앤티가에 대한 우리의 인식 - 마음씨 나쁜 이 사람들이 지배하는 이곳에 대한 우리의 인식 - 은 정치적인 것은 아닙니다. 영국인들은 예의 없는 사람들이지 인종차별주의자들은 아니었습니다. 특히 학교 여교장은 예의 없는 사람이었지 인종차별주의자는 아니었습니다. 의사 역시 정신이 이상한 사람 - 그는 심지어 영어도 잘 못했고

낯선 이름이 붙은 나라에서 온 사람-이었지 인종차별주의자는 아니었습니다. 밀 리프 클럽에 살았던 사람들은 (그들이 혐오하는 사람들이 주로 살고 있는 곳으로 와서 사는 이유 때문에) 이상했지만 인종차별주의자들은 아니었습니다.

위에 언급한 화자/킨케이드의 서사는 과거에 있었던 분명한 인종차별에 대한 반어적 표현일 뿐만 아니라 앤티가인들의 의식에 대한 비판이기도 하다. 화자/킨케이드가 언급한 이야기 중 과거 식민주의 역사와 오늘날 앤티가의 종속적 경제 구조에 대한 가장 분명한 예는 노예 무역상이었던 바클레이 형제가 만든 바클레이즈 은행에 대한 일화이다.

바클레이즈 은행을 시작한 바클레이 형제는 노예 무역상이었습니다. 그들이 돈을 벌 수 있었던 것은 노예무역 때문입니다. 영국이 노예무역을 폐지했을 때, 바클레이 형제는 은행업에 뛰어들었습니다. 이 사업이 그들을 훨씬 더 부자로 만들어주었습니다. 은행업이 자신들을 얼마나 부자로 만들어주었는지 알았을 때 그들은 노예제도 폐지를 반대했던 스스로를 나무랐습니다(왜냐하면 그들은 분명히 그것에 반대했을 것이기 때문입니다). 당시 그들은 환상에 빠져 노예제도 폐지를 선동했었을 수도 있습니다. 왜냐하면 그들은 (자신들의 계좌를 통해) 노예 후손들로부터 돈을 빌려와 다시 그들에게 빌려주는 은행업을 통해, 그들이 얼마나 부자가 되었는지 보았기 때문입니다.

현재 바클레이즈 은행의 연간 수입은 앤티가 정부의 1년 예산을 훨씬 능가하는 수준이다. 앤티가를 비롯한 카리브 지역의 국가들은 외환거래 은행을 설립하길 원한다. 그리고 그 은행들은 카지노나 마약 밀매 등을 통해 불법적으로 벌어들인 수익을 은닉하고자 하는 사람들이 자유롭게 외한을 거래할 수 있는 곳이며, 이러한 불법 자금은 정권의 부패와 무관하지 않은 것으로 보인다.

세 번째 부분에서 화자/킨케이드는 독립 이후 앤티가의 정치사와 부패한 권력, 그리고 부패한 정치인에 대해 무감각한 앤티가 국민들의 의식에 대해 이야기하고 있다. 앤티가는 1493년 크리스토퍼 콜럼버스가 발견한 이후 1667년부터 영국의 식민 지배를 받아오다, 1967년 자치권을 획득했으며, 1981년 11월 1일 마침내 독립하였다. 1943년 앤티가 노동조합(Antigua Trades and Labour Union)의 위원장으로 추대된 베르 콘월 버드(Vere Cornwall Bird)는 이후 앤티가 노동당(Antigua Labour Party)을 창당하여 1980년 총선에서 총리로 당선되었다. 그는 1981년 앤티가가 독립한 이후부터 1994년까지 유일무이한 총리로 재임하였다. 앤티가가 투표에 의해 대표를 선출한 20년의 세월 동안 단 한 차례, 즉 5년을 제외한 나머지 15년을 버드 총리가 집권하였다. 1인 장기집권이 그의 건강악화와 국제 여론에 못 이겨 끝나갈 즈음 그의 아들 레스터 브라이언트 버드(Lester Bryant Bird)가 그 뒤를 이어 통치하였다. 이 과정에서 앤티가 정부의 온갖 부패와 비리가 생겼다.

앤티가에서 사람들은 노예제도를 푸른 바다 위를 항해하는 커다란 배, 즉 인간 화물-그들의 조상들-로 가득 찬 커다란 배가 가득한 가장행렬처럼 이야기 합니다. 그들은 배에서 내려 잔인하고 비인간적인 상황에서 노동을 강요받았고, 두들겨 맞았고 살해당했습니다. 또한 그들은 팔려갔고 아이들은 부모와 생이별해야 했으며, 이 이별은 영원한 것이었습니다. 이 외에도 다른 나쁜 일들이 많이 있었지만, 어느 순간 이 모든 것들이 갑작스레 노예해방이라 불리는 어떤 것 때문에 끝나버렸습니다. 그리고 나서 그들은 노예해방이 백오십 여 년 전이 아닌 마치 며칠 전에 일어난 것처럼 이야기 합니다. "노예해방"이란 말이 너무 자주 언급되어 마치 노예해방이 동시대에 일어난 것 같으며, 모든 사람들에게 익숙한 어떤 것 같습니다. 어쩌면 거기에는 뭔가가 있습니다. 왜냐하면 앤티가에서 가장 칭송받는 기관은 호텔 종업원 훈련학교이기 때문입니다. 이 학교는 앤티가 사람들에게 훌륭한 종업원이 되는 방법과 눈에 띄지 않는 착한 존재가 되는 방법, 즉 하인이란 어떤 존재인지 가르치고 있습니다. 앤티가 사람들은 노예제도와 해방에 대해 강박관념을 가지고 있으면서도 호텔 종업원 훈련학교의 졸업식이 갖는 의미를 알지 못합니다(졸업식은 라디오와 텔레비전으로 방송됩니다). 사람들은 노예제도와 해방에 대해 강박관념을 가지고 있으면서도 자신들이 부패한 관료들에 의해 지배받고 있다는 사실과, 이 부패한 관료들이 자신의 나라를 부패한 외국인에게 팔아넘겼다는 사실을 알지

> 못합니다. 앤티가를 통치하고 있는 이들은 자유 투표를 통해 공개적으로 권력을 획득하였습니다. 흑인들을 포획하고 노예로 만든 과정에 대한 설명에서, 지금까지 어떤 노예도 누가 그를 또는 그녀를 포획해서 유럽인 노예주에게 넘겼는지에 대한 언급을 하지 않았습니다. 앤티가 사람들은 부패한 정부에 대한 설명에 있어서도, 자치령의 형태나 또 다른 형태의 통치가 이루어진 20년 동안 단 한 차례, 5년이란 시간을, 제외하고는 모두 현 정권에 권력을 주었다는 사실에 대해 말하기를 꺼려합니다.

앤티가의 집권자들은 온갖 이권에 개입함으로써 사리사욕을 채우며 국가의 자산을 자신의 것처럼 유용하는 비리를 저지른다. 하지만 앤티가 뿐만 아니라 대부분의 국가에서 집권층은 국익과 국가안보를 내세워 국민의 알 권리를 침해하고 있으며, 부족한 정보로 국민이 현실을 직시하지 못하는 틈을 타 개인의 호주머니를 채우는 경우가 상당하다. 화자/킨케이드가 이 글을 통해 궁극적으로 말하고자 하는 바이기도 하겠지만, 현실에 우매한 국민은 자신의 눈을 가리고 있는 거짓을 바로 잡을 필요가 있으며, 이를 위해 화자/킨케이드는 앤티가인들 더 나아가 우리들이 직면한 왜곡된 현실에 대한 자각의 실마리를 제공하고 있다.

네 번째 부분은 이 글의 결말부분에 해당한다. 화자/킨케이드는 앤티가 섬의 아름다운 풍광에 대해 다시 한번 언급하고 있다.

앤티가 섬의 아름다움은 독립 전과 후 모두 동일하지만 이 아름다움 속에는 감옥과 같은 답답함이 숨어 있다. 그것은 과거 그들의 조상이 노예였지만 숭고한 존재였음에도 불구하고, 오늘날 앤티가인들은 과거 식민주의자들이 저질렀던 악행을 스스로 일삼음으로써 평범한 존재로 타락하게 된 안타까움이 함의되어 있다.

> 다시 말하지만 앤티가는 작은 공간, 즉 작은 섬입니다. 이곳은 9마일 곱하기 12마일의 넓이를 가진 곳입니다. 이곳은 1493년 크리스토퍼 콜럼버스가 발견하였습니다. 오래지 않아 아프리카에서 온 고귀하고 숭고한 인간들을 노예로 만든 유럽에서 온 인간쓰레기들이 이곳에 정착하였습니다(모든 유형의 노예 주인들은 쓰레기였으며, 모든 유형의 노예들은 고귀하고 숭고하였습니다. 이런 사실에 대해서는 의심의 여지가 없습니다). 그들은 부와 권력에 대한 자신들의 욕망을 채우기 위해 그리고 자신의 초라한 존재감을 떨쳐버리기 위해 이곳에 정착하였고, 그 결과 유럽인의 질병이라 할 수 있는 자신의 외로움과 공허감을 완화시킬 수 있었습니다. 마침내 어떤 의미에서 노예 주인들은 떠났습니다. 마침내 어떤 의미에서 노예들은 자유롭게 되었습니다. 오늘날 앤티가에 사는 사람들, 즉 스스로를 진정한 앤티가 사람이라고 생각하는 사람들(당신이 앤티가에 대해 생각할 때, 내 말은 만약 당신이 그것에 대해 생각해야만 한다면, 곧바로 당신의 머릿속에 떠오르는 앤티가 사람들)은 이런 고상하고 숭고한 사람들, 즉 노예들의 후손들입니다. 물론 가장 완전

> 한 것은 일단 당신이 노예 주인이기를 그만두고 노예 주인으로서의 멍에를 던져버리면, 당신은 더 이상 인간쓰레기가 아니라 평범한 인간이 됩니다. 그리고 이 모든 것은 가장 완전한 것이 의미하는 바이기도 합니다. 그리고 노예들에게도 마찬가지입니다. 일단 그들이 더 이상 노예가 아니라 그들이 자유롭다면, 그들은 더 이상 고귀하고 숭고한 존재가 아닙니다. 그들은 평범한 인간입니다.

식민지에서나 전제 국가에서나 인류에게 가장 부도덕한 일은 타자를 만들고 그들을 억압하고 배제시키는 일이다. 노예와 노예주, 억압 받는 민중과 전제군주가 가장 온존히 공생할 수 있는 방법은, 각자 스스로가 지배자이기를 포기하고 노예근성을 포기하여, 서로를 받아들일 수 있는 평범한 인류가 되는 것이다.

초벌 번역을 마치고 수차례 원서와 번역물을 비교하며 검토하였지만, 어느 정도의 휴지기를 갖고 다시 살펴보면 늘 어딘가 부족한 느낌이 들었다. 아직까지 일반 독자에게 알려지지 않은 작품을 소개하고 싶은 마음에서 번역을 시작하였지만, 원서와 함께 볼 때와는 달리 번역물만을 볼 때면 늘 일반 독자가 쉽게 이해하기 힘들 것으로 짐작되는 부분이 발견되었다. 관련 자료를 참고하여 주석을 달았지만 아직은 부족한 역자의 능력 때문에 여러 가지로 미흡하다. 이점 독자의 이해를 구하고 싶다. 하지만 번역의 오류에 대해서는 아무리 작은 오류라 할지라도 독자의 따끔한 질타를 겸허히 받아드릴 것이다.

출판 과정에서 제반 어려움에도 불구하고 출판을 맡아준 전남대학교출판부에 감사의 말씀을 드린다.

2011년 여름

이 성 진

지은이 **자메이카 킨케이드**

1949년 앤티가의 수도 세인트 존스에서 출생
1965년 뉴욕으로 이주하여 보모로 일하면서 야간학교에 다님
1973년 본명 엘라인 포터 리차드슨(Elaine Potter Richardson)에서 자메이카 킨케이드로 개명
1976년부터 『뉴요커』의 전속작가로 활동
1991년 윌리엄스 칼리지와 롱아일랜드 대학에서 명예 학위를 수여받음
현재 버몬트에 가족과 함께 거주

주요작품

『강바닥에서』(*At the Bottom of the River*, 1983)
『애니 잔』(*Annie John*, 1985)
『루시』(*Lucy*, 1990)
『내 어머니의 자서전』(*The Autobiography of My Mother*, 1996)
『내 남동생』(*My Brother*, 1997)
『내가 좋아하는 식물』(*My Favorite Plant*, 1998)
『내 정원』(*My Garden*, 1999)
『미스터 포터』(*Mr. Potter*, 2002)

옮긴이 **이성진**

문학박사
서남대학 영어학과 교수

대표논문

「살만 루시디의 소설에 나타난 탈식민 비전」
「알레고리를 통한 탈식민 상황 읽기 - 『모든 것이 무너지다』」

역서 및 저서

『살만 루시디와 자정의 아이들』(역서)
『현대 영어권 문화의 이해』(공저)

카리브해의 어느 작은 섬

인쇄 | 2011년 7월 20일
발행 | 2011년 7월 25일

지은이 | 자메이카 킨케이드
옮긴이 | 이성진
발행인 | 김윤수
발행처 | 전남대학교출판부

등록 | 1981. 5. 21. 제53호
주소 | 500-757 광주광역시 북구 용봉로 77
전화 | (062) 530-0571~3
팩스 | (062) 530-0579
홈페이지 | http://altair.chonnam.ac.kr/~cnup

값 7,000원

ISBN 978-89-7598-924-7 (03800)

이 도서의 국립중앙도서관 출판시도서목록(CIP)은 e-CIP홈페이지(http://www.nl.go.kr/ecip)와 국가자료공동목록시스템(http://www.nl.go.kr/kolisnet)에서 이용하실 수 있습니다.
(CIP제어번호 : CIP2011003002)